JO-JO

Lesebuch 4

Grundschule Bayern

Erarbeitet von

Barbara Ertelt, München
Dagmar Sedlmeyer, Buchloe
Brigitte Umkehr, Kürnach
Marion Waszak, München
und der
Cornelsen Redaktion Primarstufe

Unter Beratung von

Gabriele Bräutigam, Nürnberg
Jan Giefing, Altötting
Andrea Greller, Freising
Petra Hiebl, Dillingen
Maria Klingshirn, Burghausen
Helga Rolletschek, Aufhausen
Sigrid Schwarzer, Ingolstadt
Angelika Speck-Hamdan, München

Cornelsen

Jo-Jo

Lesebuch 4
Grundschule Bayern

Erarbeitet von	Barbara Ertelt, Dagmar Sedlmeyer, Brigitte Umkehr, Marion Waszak
Unter Einbeziehung der Ausgabe von	Erna Dransfeld, Friedrich Dransfeld, Hartmut Kulick, Claudia Maak, Annett Marchand, Horst Schaub, Gudrun Schulz, Martin Wörner
Redaktion:	Mirjam Löwen
Bildredaktion:	Peter Hartmann
Illustrationen:	Barbara Korthues, Gabriele Heinisch (80, 82, 140–142, 153), Kirsten Höcker (144/145), Anna Toussaint (6/7, 28/29, 46/47, 62/63, 76/77, 84/85, 98/99, 111, 116/117, 126/127, 138/139, 143, 156/157)
Umschlaggrafik:	SaBine Büchner (*Namensschreibung:* ©)
Umschlaggestaltung:	Anna Bakalović für Buchgestaltung +, Berlin
Layoutkonzept:	Buchgestaltung +, Berlin
Layout und technische Umsetzung:	Heike Börner

www.cornelsen.de

1. Auflage, 1. Druck 2009

Alle Drucke dieser Auflage sind inhaltlich unverändert
und können im Unterricht nebeneinander verwendet werden.

Druck: CS-Druck CornelsenStürtz, Berlin

ISBN 978-3-06-080390-3

Inhalt gedruckt auf säurefreiem Papier aus nachhaltiger Forstwirtschaft.

Inhalt

Sprach-Spiel-Wiese

Ein Buch

Ich kaufe ein Buch.
Es ist in meiner Mappe hier.
Ich lese das Buch.
Nun ist es in mir.
Du liest das Buch.
Jetzt ist es in dir.
Aus ich und du
macht ein Buch oft wir.

Alfons Schweiggert

Was könnten die letzten beiden Zeilen des Gedichts bedeuten?
Was denkst du?

Sprach-Spiel-Wiese:
Lesen macht Spaß!

Werkstatt 185

Amaryllis und Henrietta. Vanessa Bell, um 1940

Was lesen die Mädchen?
Sind die Bücher interessant, traurig oder spannend?
Was denkst du?

Wie Urmel auf die Insel Titiwu kam

In der Szene sprechen vier Schauspieler.
Der Erzähler
Ping Pinguin sagt „pf" statt „sch".
Wawa der Waran spricht statt „z" immer „tsch".
Seele-Fant, der See-Elefant spricht viele Vokale als „ö" oder „o".

Erzähler: Um dem Spott seiner Kollegen zu entgehen, hat sich Professor Habakuk Tibatong auf die kleine Insel Titiwu zurückgezogen. Gemeinsam mit seinem Adoptivsohn Tim Tintenklecks hat er es sich zur Aufgabe gemacht, den Tieren das Sprechen beizubringen. Der Waran Wawa, Pinguin Ping und der See-Elefant Seele-Fant, die alle kleine Sprachfehler haben, sind seine Schüler.
Ping Pinguin und Wawa, der Waran befinden sich auf dem Weg zur Tier-Sprechschule.

Im Hintergrund Vogelgezwitscher

Ping Pinguin *(fragend)*: Ausgepflafen Wawa?
Wawa *(selbstzufrieden)*:
Ich bin umgetschogen, Ping, und nach einem Umtschug schlaf ich immer gut.
Ping Pinguin *(fragend)*:
Umgezogen? Wohin?
Wawa: In eine Riesenmuschel – ganz plötschlich habe ich sie am Ufer gefunden.
Ping Pinguin *(sehnsüchtig)*: Pfööön – das sind die besten Funde. (eifrig) Du, ich will deine Riesenmupfel sehen.
Wawa *(unsicher)*: Schule schwänzen?
Ping Pinguin *(genervt)*: Ich habe heute pfon zwei Pftunden das „pf" geübt.
Wawa: Wozu? Das „pf" kannst du doch prima, aber das „s", das musst du üben.
Ping Pinguin: Ich meine ja das „pf schhhhhh pfffffff".

Wellenrauschen

Seele-Fant *(singt immer leiser werdend)*:
Öch woiß nöcht, was soll es bedeuten,
das Möör ist so töf, das Möör.
Und ich bin so traurög, so traurög,
mein Herz ist so schwör, so schwör.
Öch woiß nöcht, was soll es bedeuten,
das Wasser ist nass, so nass …

Im Hintergrund hört neben dem Vogelgezwitscher Seele-Fant weitersingen.

Wawa *(erklärend, dabei presst er die Muschelschalen mit den Vorderpfoten auseinander. Es entsteht ein lautes Geräusch wie mit einer Knarre.): Krrrrrrrrrrrk!*
Sie ist so praktisch. Sie ist mein erstes Haus das ich tschumachen kann. Pass auf! …
Krrrrrrrrrrrk! (Die Muschel öffnet sich.)
Hier kann ich ungestört nachdenken. Die Sonne geht auf und unter und tschieht über mich hinweg …
Krrrrrrrrrrrk! (Die Muschel schließt sich.)
Wawa *(mit dumpfer Stimme aus dem Inneren der Muschel)*:
… der Mond geht auf und unter und tschieht über mich hinweg und die Sterne tschiehen ...

Ping Pinguin: Das ist aber ziemlich viel Geziehe. Hm?

Krrrrrrrrrrrk! (Die Muschel öffnet sich ein bisschen.)

Wawa: Tschum Nachdenken ist das sehr gut. Wenn bloß mal der See-Elefant ein bisschen stiller wär. Er stört mich sogar durch die Muschel durch.

Wellenrauschen

Seele-Fant *(singt wieder lauter)*:
Öch woiß nöcht, was soll es bedeuten,
öch schaue zum Hömmelszölt
hinauf und ich bin a-hal-leine,
in Gottes Wölt, ja Wölt.

Seele-Fant *(spricht zu sich)*:
Nano. Was öst das dönn? *(Pause)*

Seele-Fant *(ruft)*: Hallo! Öhr da … Hallo!

Krrrrrrrrrrrk! Die Muschel öffnet sich ein Stück weiter.

Ping Pinguin *(bittend)*: Ich möchte auch so eine pföne Mupfel.

Wawa *(empört)* Aber das ist meine Muschel.

Seele-Fant *(ruft laut)*: Haaalllloooo!

Ping Pinguin *(schwärmerisch)*: Die Pfterne ziehen über einen drüber ...

Wawa *(drängend)*: Jetscht musst du aber da raus gehen.

Ping Pinguin *(fährt schwärmerisch fort)*: … und der Mond zieht weg.

Wawa *(etwas genervt)*: Du musst dir halt auch so eine Muschel suchen.

Ping Pinguin *(begeistert)*: Und die Sonne, die pfeint pfön.

Wawa *(wütend):* Raus!

Seele-Fant (rufend): Hallo, öhr boiden do. Seht mol. Da kommt wos. Lönks.

Wellenrauschen

Ping Pinguin: Pfau mal, ein Eisberg!

Wawa: Ein ganz ein eisiger.

Seele-Fant *(singt traurig)*:
Wie eiskalt äst der Eisberg.
Der Eisberg wird zu Wasser.
Und davon wird das Wasser
leidör nur noch nasser.

Ein Platschen ertönt. (Pause).

Ping Pinguin *(ruft von der Spitze des Eisbergs)*: Unter Wasser ist er mindestens dreimal so groß.

Wawa *(besorgt)*: Erkälte dir nur nicht den Bauch.

Ping Pinguin *(überheblich)*: Pffff. Er fängt pfon an zu tauen.

Seele-Fant *(zu sich)*: Ein Eisberg, der taut – wie trauriög.

Seele-Fant *singt im Hintergrund*:
Ach wär es möglich dann,
der Eisberg nächt lang sterben kann …

Ping Pinguin *(aufgeregt)*: Hier steckt etwas. Etwas Eingefrorenes. Eine Mupfel – vielleicht eine Mupfel oder nur ein Ball. Ich glaube, wir müssen den Professor holen – pfnell.

Max Kruse

Ein Satz, den man so schreibt, ist kein Gedicht.

Ein Satz,
den man so schreibt,
wird ein Gedicht.

Ein Satz,
den man
so
schreibt,
ist ein Gedicht –
so ein Gedicht.

Wenzel Wolff

Gedicht, das sich (scheinbar) nicht reimt

Auf dem Tisch
ist ein Fleck.
Er ist rund
und gelb.
(Wahrscheinlich Tee)

und das sich doch reimt

Auf dem Te, I, Es, Ce, Ha
ist ein Ef, El, E, Ce, Ka.
Er ist ER, U, En, De
und Ge, E, El, Be.
(Wahrscheinlich Tee)

Paul Maar

Beinahegeschichte

Eine Geschichte wollte werden.
Aber es passierte nichts.
Da öffnete sich die Tür und einer kam
jammernd und zeternd herein:
Nein, nein, ich küsse kein Nashorn.
Außerdem geht das gar nicht.

Ist das nun eine Geschichte oder nicht?

Jürgen Spohn

Eine schöne Geschichte

Es war einmal eine schöne Geschichte,
die war außen unsichtbar und innen bunt.
Und in alten Zeiten
ging sie von Mund zu Mund.

Eines Tages geriet sie in Sammlerhände,
das bedeutete beinah ihr Ende:
Sie wurde in schwarze Lettern gefasst,
bekam Seitenzahlen und Nummern verpasst,
wirkte nun eher eckig als rund,
außen schwarz und innen bunt.

Ein Kind las sie.
Und in seiner Fantasie
wurde sie wieder rund –
außen unsichtbar und innen bunt.

Martin Anton

Vergleiche die vier Gedichte.
Welches findest du am besten?
Warum?

Redensarten in verschiedenen Sprachen

Polnisch:
„Obnosić kogoś na językach."
Jemanden auf der Zunge herumtragen.

Türkisch:
Dereyi görmeden paçayı sıvama
Krempel nicht die Hosen hoch,
bevor du nicht den Bach gesehen hast.

Englisch:
To err is human, to forgive divine.
Irren ist menschlich, Verzeihen göttlich.

Italienisch:
Non e oro tutto quello che luccica.
Es ist nicht alles Gold, was glänzt.

Französisch:
C'est de la moutarde après dîner.
Das ist der Senf nach dem Mittagessen.

Ungarisch:
Egy csepp a tengerben.
Einen Tropfen ins Meer bringen.

Tschechisch:
Nosít dřiví do lesa.
Holz in den Wald tragen.

Deutsch:
Eulen nach Athen tragen.

Über jemanden schlecht reden.

Sei nicht voreilig.

Etwas Überflüssiges tun. (3 x)

Der äußere Schein trügt.

Das ist zu spät.

Es macht zwar jeder Fehler,
aber Fehler zu verzeihen
ist schwer.

Ordne die Erklärungen den Redensarten zu.

Werkstatt 174

Sprichwörtlich

Schon als Dreikäsehoch konnte Frau Klaglos kein Wässerchen trüben, geschweige denn bis drei zählen. Nicht für die Schule, sondern für das Leben lernte sie, dass blinder Eifer nur schade und Übermut selten gut tue. Früh krümmt sich eben, was ein Häkchen werden will.
Weil sie sich nicht in die Nesseln setzen wollte, packte sie nie eine Gelegenheit beim Schopf, denn: Gelegenheit macht Diebe.
Sie machte gute Miene zum bösen Spiel und kehrte nur vor ihrer eigenen Tür.
Am eigenen Herd, der Goldes wert war, löffelte sie die Suppe aus, die ihr die anderen eingebrockt hatten, und biss in den sauren Apfel, ohne zu merken, dass bereits ein Wurm darinnen saß.
Eines Tages verirrte sie sich im Wald, den sie vor lauter Bäumen nicht sah.
Als man sie fand, kam jede Hilfe zu spät: Sie hatte bereits den Ast abgesägt, auf dem sie gesessen war.

Edith Thabet

Hier sind 19 Sprichwörter und Redensarten versteckt. Welche findest du?

Sprichwörter und Redensarten wörtlich genommen

Sie bindet ihm einen Bären auf.

Soll ich dir Beine machen?

Steck doch den Kopf nicht in den Sand.

Ihm geht ein Licht auf.

Mit dem Kopf durch die Wand gehen.

Aus allen Wolken fallen.

Wandas geheimes Tagesbuch

Nee, ne! Wanda kann es nicht fassen. Ausgerechnet Fabian Schilling, der Hitzefreiverhinderer, zieht nebenan ein. Mitsamt seiner Familie, die ganz bestimmt genauso grässlich ist wie Fabian. Schlimm genug, dass Wanda ihn seit vier Wochen täglich in der Schule ertragen muss.
Aber dass er ihr jetzt auch noch zu Hause auf die Nerven geht, ist wirklich die Höhe!

MONTAGNACHMITTAG

So ein Mist! Dabei habe ich so gut aufgepasst. Ich will zu Katti gehen und habe wirklich genau geprüft, ob die Luft rein ist. Trotzdem hält, gerade als ich durch das Gartentürchen gehe, ein dunkelblauer Passat neben mir.
Und wer steigt aus? Fabian und seine Mutter.
„Hallo Wanda!", sagt Fabian. „Wir sind jetzt Nachbarn."
„Wer hätte das gedacht?", brumme ich finster und will mich gerade verdrücken, als Mama mit ihrem Fahrrad um die Ecke biegt.
„Hallo", strahlt sie. „Sie müssen unsere neuen Nachbarn sein. Mein Name ist Ilse Lichtenberg und das ist meine Tochter Wanda."
„Waltraud Schilling", sagt Frau Schilling und schüttelt Mama die Hand.
„Und du bist also die Wanda!", sagt sie und lächelt zuckersüß zu mir runter. „Du müsstest ungefähr in Fabians Alter sein."
„Klar ist sie das. Sie geht ja in meine Klasse", sagt Fabian und strahlt, als hätte er Amerika noch vor Kolumbus entdeckt.
Natürlich tut sich jetzt keine Erdspalte auf, um mich zu verschlucken, sondern Mama sagt genau das, was ich befürchte:
„Das ist aber nett. Wanda hat sich schon immer ein paar Kinder in der Nachbarschaft gewünscht. Und jetzt ist es sogar ein Klassenkamerad …"
„Klassenkamerad! Wenn ich das schon höre. Ein blöderes Wort gibt es auf der ganzen Welt nicht."

Schimpfwörter-Liste für Fabian Schilling:

Dagmar Geisler

Weiteres von Wanda findest du auf den Seiten 30/31 und 94.

Hier lernst du Wanda kennen. Was weißt du jetzt über sie?

Dunkel war's

Dunkel war's, der Mond schien helle,
schneebedeckt die grüne Flur,
als ein Wagen blitzeschnelle
langsam um die Ecke fuhr.

Drinnen saßen stehend Leute,
schweigend ins Gespräch vertieft,
als ein totgeschossner Hase
auf der Sandbank Schlittschuh lief.

Und auf einer roten Banke,
die blau angestrichen war,
saß ein blond gelockter Jüngling
mit kohlrabenschwarzem Haar.

Neben ihm 'ne alte Schachtel,
die kaum zählte sechzehn Jahr.
Und sie aß ein Butterbrot,
das mit Schmalz bestrichen war.

Droben auf dem Apfelbaume,
der sehr süße Birnen trug,
hing des Frühlings letzte Pflaume
und an Nüssen noch genug.

Volksgut

Da stimmt doch einiges nicht.
Findest du alle Widersprüche?

Eine Zungenbrechergeschichte

Ein alter Lappe saß jeden Tag auf einer Treppe, die zu einer Kuppel hinaufführte. Deshalb hieß er der Kuppeltreppenlappe.

Der kleine Seppel, der ein gutes Herz hatte, brachte ihm ab und zu einen Teller Suppe und sagte: „Hier bringe ich dir deine Kuppeltreppenlappensuppe.“

„Fein“, antwortete der Lappe, „dann bist du also der Kuppeltreppenlappensuppenseppel. Und zum Dank für deine Freundlichkeit schenke ich dir hier meine bunte Kappe.“

Da hatte der kleine Seppel nun also eine Kuppeltreppenlappensuppenseppelkappe.

Er setzte sie stolz auf seinen blonden Schüppel, man könnte auch sagen, auf seinen Kuppeltreppenlappensuppenseppelkappenschüppel.

Als die Zeit herankam, dass der kleine Seppel sich wieder einmal beim Friseur die Haare schneiden lassen musste, da fielen die ganzen Schnippel auf den Boden, alles lag voll mit den Kuppeltreppenlappensuppenseppelkappenschüppelschnippeln.

Der Friseur kehrte sie sorgfältig zusammen, aber er warf sie nicht weg, denn er wusste wohl, dass es sich da um etwas Besonderes handelte. Darum tat er die Schnippel in eine besondere Mappe, man könnte auch sagen, in eine Kuppeltreppenlappensuppenseppelkappenschüppelschnippelmappe.

SCHLAPPER STEPPEN STOPPELTRAPPERGRiPPENKUPP

Diese Mappe verwahrte er in seinem Schuppen, das war nun also sein Kuppeltreppenlappensuppenseppelkappenschüppelschnippelmappenschuppen.

Bis hierher ist die Geschichte noch verhältnismäßig einfach, aber jetzt wird sie kompliziert.

Eines Tages kam nämlich ein Trapper, der hatte das Kinn voller Bartstoppeln.

Er war eben ein richtiger Stoppeltrapper, denn er kam nicht oft dazu, sich zu rasieren, weil er in der Steppe lebte. Darum hieß er der Steppenstoppeltrapper. Obwohl er sonst ein starker Mann war, fühlte er sich diesmal ganz elend und schwach. Man könnte auch sagen, er war ein schlapper Steppenstoppeltrapper. Er hatte nämlich die Grippe, die so genannte Schlappersteppenstoppeltrappergrippe. Und weil er Fieber hatte und nicht mehr weiterkonnte, legte er sich einfach in den Schuppen des Friseurs, also in den Schlappersteppenstoppeltrappergrippenkuppeltreppenlappensuppenseppelkappenschüppelschnippelmappenschuppen.

Als der Friseur das bemerkte, beklagte er sich bitter, weil bei dem Versuch, den Namen seines Schuppens auszusprechen, bekam er einen richtigen Rappel. Aber das machte alles nur noch schlimmer, denn das war ja nun, mit einem Wort gesagt;

ein Schlappersteppenstoppeltrappergrippenkuppeltreppenlappensuppenseppelkappenschüppelschnippelmappenschuppenrappel. In seiner Verzweiflung rief er zwei stadtbekannte Rüpel zu Hilfe, die sollten den Trapper wegjagen.
Diese Rüpel waren aber Zwillinge und hießen deshalb die Doppelrüpel. Diese zwei bildeten auf der Stelle eine Spezialtruppe für ihre überaus schwierige Aufgabe und nannten sich die Schlappersteppenstoppeltrappergrippenkuppeltreppenlappensuppenseppelkappenschüppelschnippelmappenschuppenrappeldoppelrüpeltruppe.
Sie marschierten zu dem Schuppen, umstellten ihn und forderten den schlappen Trapper auf sich unverzüglich zu ergeben. Aber der war inzwischen wieder einigermaßen bei Kräften und griff sich einen Knüppel, man könnte auch sagen, einen Schlappersteppenstoppeltrappergrippenkuppeltreppenlappensuppenseppelkappenschüppelschnippelmappenschuppenrappeldoppelrüpeltruppenknüppel, und damit verhaute er die Zwillinge so, dass sie klein beigeben mussten und die Flucht ergriffen.
Sie hinkten und hoppelten in einer Gruppe von dannen, sozusagen in einer Hoppelgruppe, und alle Leute, die es sahen, lachten und nannten sie die Schlappersteppenstoppeltrappergrippenkuppeltreppenlappensuppenseppelkappenschüppelschnippelmappenschuppenrappeldoppelrüpeltruppenknüppelhoppelgruppe.
Das war den Doppelrüpeln natürlich sehr peinlich und sie sannen auf Abhilfe.
In derselben Stadt gab es einen Erfinder, der sehr lebensechte Puppen bauen konnte.
Bei ihm bestellten sie eine Zappelpuppe mit Lippen, die richtig plappern konnte.
Natürlich kostete sie ein Vermögen, aber als die Puppe fertig war, da war sie tatsächlich eine Schlappersteppenstoppeltrappergrippenkuppeltreppenlappensuppenseppelkappenschüppelschnippelmappenschuppenrappeldoppelrüpeltruppenknüppelhoppelgruppenlippenplapperzappelpuppe, also ein wahres Wunderwerk.
Diese Puppe schickten sie, weil sie inzwischen selber zu schüchtern waren, zu dem alten Lappen, der noch immer auf der Treppe zur Kuppel saß, und sie teilte ihm mit: „Du bist eigentlich an allem schuld, denn bei dir hat das Unheil angefangen. Hättest du nicht die Suppen vom Seppel gegessen …“
Da sagte der Lappe „Halt deine Klappe!“
Er hatte einfach keine Lust, sich das alles noch einmal anzuhören.

Michael Ende

Was hätte er natürlich richtiger sagen müssen?

Die unendliche Geschichte

ANTIQUARIAT
Inhaber: Karl Konrad Koreander

Eines Tages gerät Bastian aus Zufall in die alte Buchhandlung von Herrn Koreander. Als Herr Koreander telefonieren muss, entdeckt Bastian ein besonderes Buch.

Bastian wurde sich bewusst, dass er die ganze Zeit schon auf das Buch starrte, das Herr Koreander vorher in Händen gehalten hatte und das nun auf dem Ledersessel lag. Er konnte einfach seine Augen nicht abwenden davon.
Es war ihm, als ginge eine Art Magnetkraft davon aus, die ihn unwiderstehlich anzog.
Er näherte sich dem Sessel, er streckte langsam die Hand aus, er berührte das Buch – und im gleichen Augenblick machte etwas in seinem Innern „klick!“, so als habe sich eine Falle geschlossen.
Bastian hatte das dunkle Gefühl, dass mit dieser Berührung etwas Unwiderrufliches begonnen hatte und nun seinen Lauf nehmen würde.
Er hob das Buch hoch und betrachtete es von allen Seiten.
Der Einband war aus kupferfarbener Seide und schimmerte, wenn er es hin und her drehte.
Bei flüchtigem Durchblättern sah er, dass die Schrift in zwei verschiedenen Farben gedruckt war. Bilder schien es keine zu geben, aber wunderschöne, große Anfangsbuchstaben.
Als er den Einband noch einmal genauer betrachtete, entdeckte er darauf zwei Schlangen, eine helle und eine dunkle, die sich gegenseitig in den Schwanz bissen und so ein Oval bildeten. Und in diesem Oval stand in eigentümlich verschlungenen Buchstaben der Titel:

Es ist eine rätselhafte Sache um die menschlichen Leidenschaften, und Kindern geht es damit nicht anders als Erwachsenen.
Diejenigen, die davon befallen werden, können sie nicht erklären,

und diejenigen, die nichts dergleichen je erlebt haben, können sie nicht begreifen.

Es gibt Menschen, die setzen ihr Leben aufs Spiel, um einen Berggipfel zu bezwingen. Niemand, nicht einmal sie selbst, könnten wirklich erklären, warum.

Manche geben all ihr Hab und Gut hin, um im Glücksspiel zu gewinnen, oder opfern alles einer fixen Idee, die niemals Wirklichkeit werden kann.

Einige glauben nur dann glücklich sein zu können, wenn sie woanders wären, als sie sind, und reisen ihr Leben lang durch die Welt.

Und ein paar finden keine Ruhe, ehe sie nicht mächtig geworden sind.

Kurzum, es gibt so viele verschiedene Leidenschaften, wie es verschiedene Menschen gibt. Für Bastian Balthasar Bux waren es die Bücher.

Wer niemals ganze Nachmittage lang mit glühenden Ohren und verstrubbeltem Haar über einem Buch saß und las und las und die Welt um sich her vergaß, nicht mehr merkte, dass er hungrig wurde oder fror –

Wer niemals heimlich beim Schein einer Taschenlampe unter der Bettdecke gelesen hat, weil Vater oder Mutter oder sonst irgendeine besorgte Person einem das Licht ausknipste mit der gut gemeinten Begründung, man müsse jetzt schlafen, da man doch morgen so früh aus den Federn sollte –

Wer niemals offen oder im Geheimen bitterliche Tränen vergossen hat, weil eine wunderbare Geschichte zu Ende ging und man Abschied nehmen musste von den Gestalten, mit denen man gemeinsam so viele Abenteuer erlebt hatte, die man liebte und bewunderte, um die man gebangt und für die man gehofft hatte, und ohne deren Gesellschaft einem das Leben leer und sinnlos schien –

Wer nichts von alledem aus eigener Erfahrung kennt, nun, der wird wahrscheinlich nicht begreifen können, wie es Bastian jetzt ging.

Er starrte auf den Titel des Buches und ihm wurde abwechselnd heiß und kalt. Das, genau das war es, wovon er schon oft geträumt und was er sich, seit er von seiner Leidenschaft befallen war, gewünscht hatte: eine Geschichte, die niemals zu Ende ging! Das Buch aller Bücher!

Er musste dieses Buch haben, koste es, was es wolle!

Bastian wusste, dass er ohne das Buch nicht weggehen konnte. Jetzt war ihm klar, dass er überhaupt nur wegen dieses Buches hierher gekommen war, es hatte ihn auf geheimnisvolle Art gerufen, weil es zu ihm wollte, weil es eigentlich schon seit immer ihm gehörte!

Und plötzlich fiel ihm der richtige Ort ein, der einzige Ort, wo man ihn – vorläufig wenigstens – nicht suchen und nicht finden würde.

Der Speicher war groß und dunkel. Es roch nach Staub und Mottenkugeln. Kein Laut war zu hören, außer dem leisen Trommeln des Regens auf das Kupferblech des riesigen Daches. Altersschwarze, mächtige Balken ragten in gleichmäßigen Abständen aus dem Dielenboden, trafen sich weiter oben mit anderen Balken des Dachstuhls und verloren sich irgendwo in der Dunkelheit. Da und dort hingen Spinnweben, groß wie Hängematten, und bewegten sich leise und geisterhaft im Luftzug hin und her. Aus der Höhe, wo eine Dachluke war, drang milchiger Lichtschein herab.

Bastian schaute das Buch an. „Ich möchte wissen", sagte er vor sich hin, „was eigentlich in einem Buch los ist, solang es zu ist. Natürlich sind nur Buchstaben drin, die auf Papier gedruckt sind, aber trotzdem – irgendwas muss doch los sein, denn wenn ich es aufschlage, dann ist da auf einmal eine ganze Geschichte. Da sind Personen, die ich noch nicht kenne, und es gibt alle möglichen Abenteuer und Taten und Kämpfe – und manchmal ereignen sich Meeresstürme oder man kommt in fremde Länder und Städte. Das ist doch alles irgendwie drin im Buch. Man muss es lesen, damit man 's erlebt, das ist klar. Aber drin ist es schon vorher. Ich möchte wissen, wie?" Und plötzlich überkam ihn eine beinahe feierliche Stimmung. Er setzte sich zurecht, ergriff das Buch, schlug die erste Seite auf und begann

DIE UNENDLICHE GESCHICHTE

zu lesen.

Michael Ende

Was ist wohl die unendliche Geschichte? Erzähle.

Werkstatt 164

Michael Ende und seine „Unendliche Geschichte"

Bastian Balthasar Bux, der elfjährige Halbwaise, beginnt also auf dem Speicher in diesem Buch zu lesen, von dem eine solch magische Kraft auszugehen scheint, dass er es sogar aus dem **Antiquariat** gestohlen hat. Immer mehr gerät Bastian dabei in den Sog des Buches. Schließlich werden seine Rufe im Land der Fantasie erhört: Er tritt in das Reich Phantásiens ein und nimmt teil am Geschehen dort.
Bastian ist aufgefordert, die Welt Phantásiens und die Menschenwelt zu verbinden, denn nur dadurch ist die Rettung der kindlichen Kaiserin und ihres Reiches möglich.

Michael Ende wurde am 12.11.1929 als Sohn des Malers Edgar Ende in Garmisch-Partenkirchen geboren. Nach der Schulzeit besuchte er die Schauspielschule in München. 1960 erschien sein erstes Kinderbuch: „Jim Knopf und Lukas, der Lokomotivführer". Die fantasievolle Geschichte wurde ein großer Erfolg und in 20 Sprachen übersetzt. In den folgenden drei Jahrzehnten schrieb Michael Ende zahlreiche Kinder- und Jugendbücher. Viele seiner Geschichten wurden verfilmt oder für Funk und Fernsehen aufbereitet.
Michael Ende starb am 29. August 1995 in Stuttgart. In der Internationalen Jugendbibliothek in München wurde 1998 das Michael-Ende-Museum eingerichtet.

Klappentext:
Wer nach Phantásien kommt, erhält von der kindlichen Kaiserin ein Medaillon als Zeichen unbeschränkter Macht. „Tu, was du willst" lautet die Inschrift, und Bastian deutet die Worte zuerst als „Tu, was dir beliebt" und gerät damit immer tiefer in den Strudel ungezügelter, vergessenmachender Fantasie. Bis er erkennt, dass das Motto auch bedeuten kann „Tu, wozu es dich gerade innerlich drängt, was dein eigentlicher Wille ist". Ohne Atréju, seinen Freund, hätte er sicher nie herausgefunden aus diesem Land ohne Grenzen: Es gibt Menschen, die können nie nach Phantásien kommen, und es gibt Menschen, die können es, aber sie bleiben für immer dort. Und dann gibt es einige, die gehen nach Phantásien und kehren wieder zurück.
So wie du, Bastian. Und sie machen beide Welten gesund.

Erkläre die Begriffe „Antiquariat" und „Klappentext". Wenn du sie nicht kennst, benutze ein Wörterbuch oder ein Lexikon.

Welche anderen Bücher von Michael Ende kennst du? Sammelt weitere Informationen über den Autor und seine Bücher.

Werkstatt 170

Lesetraining – Sachtexte

Einen Sachtext liest du, um dich zu informieren, um etwas genauer zu verstehen, um etwas auszuführen, um etwas zu behalten. Dabei können dir einige Leseregeln helfen.

Leseregel 4: Ich überlege, was ich von Sauriern schon weiß. Je mehr ich weiß, desto leichter kann ich Neues anknüpfen und verstehen.

Als die Saurier die Erde beherrschten

Vor etwa 230 Millionen Jahren tauchten auf der Erde neue Lebewesen auf, sie gehörten zu den **Reptilien**. Wir nennen sie Saurier. Sie waren verhältnismäßig klein, ungefähr so groß wie Braunbären.
Im Unterschied zu ihren Vorgängern, den trägen **Lurchen**, konnten sie trotz eines dicken Panzers schon ziemlich schnell laufen. Das lag auch daran, dass ihre Beine nicht mehr an der Seite, sondern unter dem Körper saßen. Sie liefen auf ihren Hinterbeinen und ernährten sich hauptsächlich von Fleisch: von anderen Reptilien, von Lurchen und von den noch kleinen Säugetieren.
Als die Saurier auftauchten,konnten die frühen **Säugetiere** gerade *heimisch werden*. Sie hatten ein Fell und verfügten über die Fähigkeit, eine feste Körpertemperatur zu halten. Deshalb passten sie gut in diese eher kühle Zeit.
Nun aber, im Erdmittelalter, wurde es zu ihrem Pech wärmer. Weil der Riesenkontinent Pangäa allmählich aufbrach, strömten die warmen Ozeane ins Land hinein. Es regnete mehr, die Temperaturen stiegen. Das gefiel den Reptilien, besonders den schnellen Sauriern, denn sie brauchten die Wärme von außen, um sich bewegen zu können. Sie vermehrten sich und breiteten sich auf der ganzen Erde aus. Zunächst jedenfalls, denn auch in der Saurierentwicklung gab es ein ständiges Auf und Ab.

Reptilien: Eidechsen, Krokodile, Schlangen; legen Eier mit harter Schale an Land; müssen nicht mehr ins Wasser; stammen von Lurchen ab

Lurche: Frösche, Kröten, Molche; leben zeitweise im Wasser

Erste Saurier: können schnell laufen, Beine unter dem Körper, Fleischfresser

Es gibt schon **Säugetiere**.

Information: *heimisch werden* – konnten also in der kühlen Zeit gut leben

Information: Reptilien brauchen Wärme von außen.

Alle Leseregeln als Übersicht findest du ganz hinten in diesem Buch.

So sind die frühen fleischfressenden Saurier fast alle wieder ausgestorben, weil sie irgendwann nicht mehr genug Nahrung fanden oder sich gegenseitig auffraßen. Ein paar jedoch probierten es mit Grünfutter und überlebten.
Es hat vermutlich einige hunderttausend Jahre gedauert, bis die Fleischfresser sich komplett auf das Vegetarier-leben umgestellt hatten. Sie bekamen dickere Zähne, um die vielen Blätter kauen zu können. Damit die Futtermassen im Magen zerkleinert werden konnten, lernten sie, immer ein paar Steine mitzufressen.
In der Jurazeit stiegen auf der ganzen Erde die Temperaturen, sie lagen etwa sechs Grad höher als heute. Die Landschaften wurden grüner, die Bäume wuchsen höher, die Saurier wurden größer und fetter. Sie wuchsen den Bäumen hinterher.
Es war die Zeit der Giganten, der Bronto- und Brachiosaurier. Eine halbe Tonne Grünfutter verzehrten sie problemlos an einem Tag.
Je größer und je mehr sie wurden, desto besser wurde das Nahrungsangebot für die Fleischfresser. Und so entwickelte sich wieder eine Gruppe gefährlicher Jäger. Einer der faszinierendsten unter ihnen war der Tyrannosaurus Rex.
Mehr als 150 Millionen Jahre haben die anpassungsfähigen Saurier die Erde beherrscht. Wer sollte sie besiegen?

nach Ulrich Janssen, Ulla Steuernagel

Information:
fleischfressende Saurier sind fast ausgestorben, werden Pflanzenfresser (=Vegetarier)

Brontosaurus:
Er war 22 bis 30 m lang (bei einer Schulterhöhe von 6 m) und 80 t schwer, zwölfmal so viel wie ein ausgewachsener afrikanischer Elefant!
Tyrannosaurus Rex:
15 m lang und 5,5 m hoch.

Leseregel 7: Ich lese den Text und markiere unbekannte Wörter oder schreibe sie heraus (wenn der Text in einem Buch steht, das nicht mir gehört). Ich schlage im Lexikon nach, suche im Internet oder frage.

Leseregel 5: Ich lese noch einmal. Ich suche Schlüsselstellen. Ich markiere sie. Ich lege ein Arbeitsblatt neben den Text. Ich schreibe Stichwörter heraus.

Lesetraining – Prospekte

Sportbecken
Sechs 25 m-Bahnen, 1,80 m tief bei 27° und ein extra Lehrschwimmbecken bieten hervorragende Möglichkeiten zum sportlichen Schwimmen.

Freibad
Planschbecken, Wasserkaskaden, Rutsche, Schiffchenkanal, vier 50 m-Bahnen im Freizeitpool. Diese Vielfalt bietet das Freibad bei 23 °C von Mai bis September.

Und was noch
- mehrere Wasserrutschbahnen
- Plansch- und Abenteuerbecken
- Wasserkarussell
- Wellenbad

Einen Geburtstag planen

Ich will am 24. Mai, einem Mittwoch, meinen 10. Geburtstag feiern.
In der Stadt gibt es ein neues Freizeitbad, das wäre doch etwas für eine Geburtstagsparty mit unserer Fünferclique.
Ich habe mir schon einen Prospekt besorgt.
Darin steht alles, was ich wissen will.

- Wie lange hat das Bad geöffnet?
- Hat das Freibad auch schon geöffnet?
- Was kostet der Eintritt für uns?
- Wie lange darf man im Bad bleiben?
- Gibt es eine Rutschbahn und wie lang ist sie?
- Ist es ein Wellenbad?
- Was machen wir, wenn wir Hunger haben?

Strömungskanal

Strömen Sie durch das 29 °C warme Wasser im Strömungskanal, um dann in den Sitzbuchten und Strand- und Liegezonen zu relaxen – oder im nebenliegenden Whirlpool.

Warmwasserbad

Machen Sie es sich gemütlich – bei 32 °C auf den Unterwasserliegen oder auf der Sonnenterrasse.

Restaurant

Ob im Innenbereich bei Snacks, Pommes und Pizza oder im Sommer draußen bei Kaffee, Kuchen und Eis – unser Restaurant rundet Ihren Besuch ab.

Öffnungszeiten

Mo–Sa 10–22 Uhr
So und Feiertag 9–22 Uhr

Eintrittspreise

Einzelkarten Erwachsene
Mo–Fr 6,50 Euro
Sa, So, Feiertag 10 Euro

Einzelkarten Schüler

ab 12 Jahre
Mo–Fr 4,50 Euro
Sa, So, Feiertag 6,00 Euro

Einzelkarten Kinder

Mo–Fr 3,00 Euro
Sa, So, Feiertag 4,50 Euro

Solche Texte in Prospekten enthalten viele Angaben, oft Bilder, Tabellen und Übersichten. Sie arbeiten mit verschiedenen Schriftarten und Schriftgrößen. Auch Farben spielen eine Rolle.

Leseregel 1: • Ich lese die Überschriften. Ich vermute, worum es geht.
• Ich mache mir klar, mit welcher Absicht der Prospekt herausgegeben wird.
• Ich überlege, was ich herausfinden will.
Leseregel 5: Ich überfliege den Text, suche nach Schlüsselstellen oder passenden Stichwörtern. Die Überschriften helfen mir.

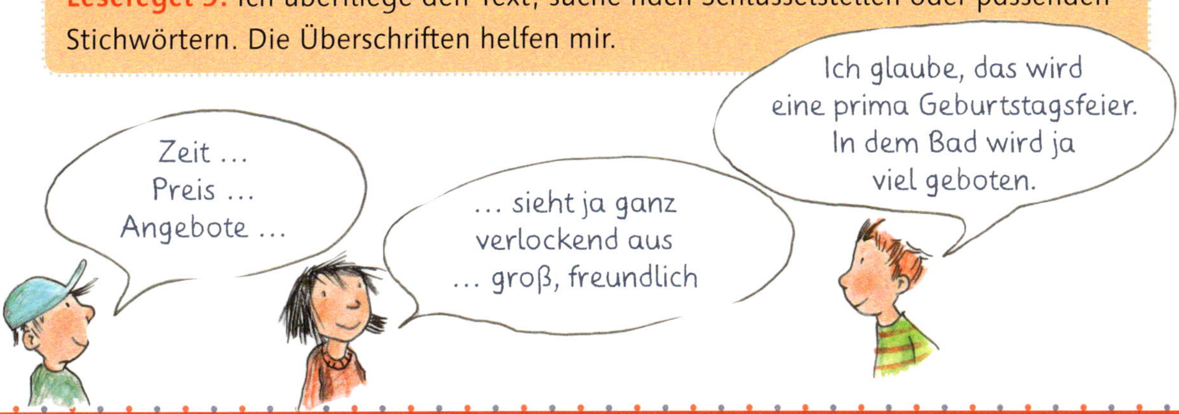

Lesetraining – Bilderrätsel

Es gibt Regeln, mit denen ich (Bild-)Rätsel besser verstehen kann.

Leseregel 8: Ich schaue mir das Bild genau an und lese dann aufmerksam den Text.

Leseregel 5: Ich suche Schlüsselstellen. Das sind Stellen, die Informationen zur Lösung des Rätsels enthalten.
Ich lese noch einmal. Ich markiere wichtige Stellen.
Ich schreibe Stichwörter heraus.

Kaugummi mit Fußballbildchen

Yolanda wartet an der Kreuzung Isastraße/Flohgasse in ihrem Taxi auf den nächsten Fahrgast. Da hört sie über Funk, dass am Kiosk Flohgasse soeben sämtliche Kaugummipackungen geklaut wurden. In diesem Augenblick wird die Wagentür aufgerissen. Eine Dame, beladen mit Plastiktüten, stürzt auf den Rücksitz und schreit: „Schnell, zum Bahnhof!"
Yolanda wird misstrauisch. Besonders als sie im Rückspiegel beobachtet, wie die Dame immer wieder nervös aus dem Rückfenster schaut. Sie ist überzeugt die Kaugummidiebin in ihrem Taxi zu haben. Um der Dame auf den Zahn zu fühlen, sagt sie: „Furchtbar, dieser Kioskdiebstahl in der Flohgasse, nicht wahr?"
Doch die Verdächtige antwortet nur: „Davon weiß ich nichts. Ich war nur in der Isastraße."
Yolanda ist sich allerdings sicher, dass ihr Fahrgast lügt. Was hat die Diebin verraten?

Jürg Obrist

Leseregel 8 kannst du üben auf den Seiten 52, 58–60, 64, 68, 111, 123.

Lesetraining – Logikrätsel

Leseregel 2: Ich stelle mir alles genau vor.

Leseregel 6: Ich lege eine Zeichnung an.

Wo sitzt Julian?

Julian sagt: „Maria sitzt zwischen Ali und Georg.
Clara sitzt am Ende des Tisches. Georg sitzt an einer Seite des leeren Stuhls.
Ali sitzt an Claras linker Seite. Toni sitzt an einer Seite des leeren Stuhls.
Anna sitzt an Tonis linker Seite. Ich sitze auf dem freien Platz."

Caroline Finster

Wer hat die Kekse gegessen?

Irgendwann zwischen dem Mittagessen und drei Uhr nachmittags sind vier Schokoladenkekse und ein Mandelkeks aus Tante Julias Dose verschwunden. Wer hat sie aufgegessen?

1. Alice und ihre Katze Mieze mögen Schokolade nicht.
2. Lisa hat die ganze Zeit mit Tante Julia im Garten gearbeitet.
3. Sarah schmecken Mandelkekse nicht.
4. Esther und Anita mögen sowohl Schokoladenkekse als auch Mandelkekse.
5. Die Keksdose steht so hoch, dass Esther nicht hinaufkommt.
6. Esther sagt, dass Anita keine Kekse gegessen hat.
7. Alice ist gegen Mandeln allergisch.
8. Esther und Anita haben den ganzen Nachmittag zusammen im Garten gespielt.
9. Alice hat gesehen, wie Mieze einen Keks gefressen hat, der auf dem Boden lag.

Caroline Finster

Die Katze hat den Mandelkeks gegessen. Sarah hat die Schokoladenkekse gegessen.

Ich – du – wir

Sieben Seelen

Ich will euch erzählen
von meinen sieben
Seelen.
Die erste ist fleißig,
die zweite ist faul,
die dritte will reden,
die vierte hält's Maul,
die fünfte ist feige,
die sechste hat Mut,
die siebente mahnt
sie:
Nun vertragt euch
mal gut!

Meine sieben Seelen
sind so verschieden
wie du und ich.
Und doch ergeben
sie
zusammen:
mich.

Roswitha Fröhlich

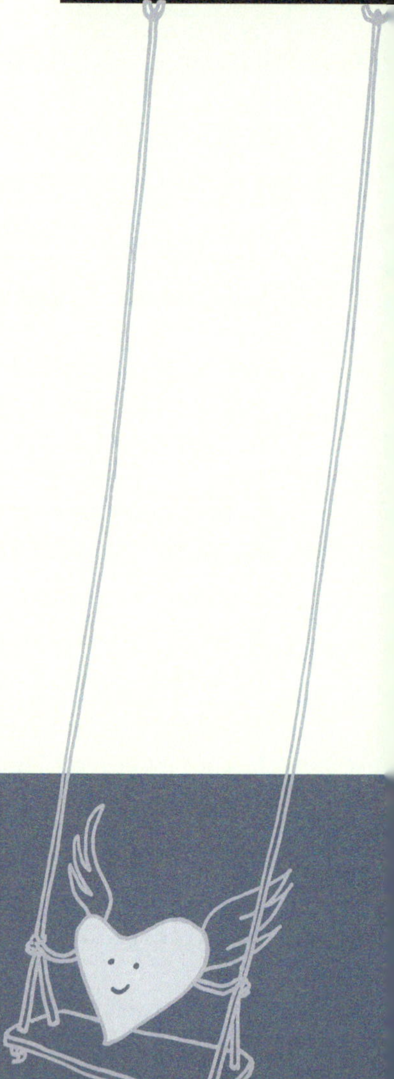

Welche verschiedenen Seelen wohnen in dir?

Ich – du – wir:
Welcher Text passt gut zu dir?

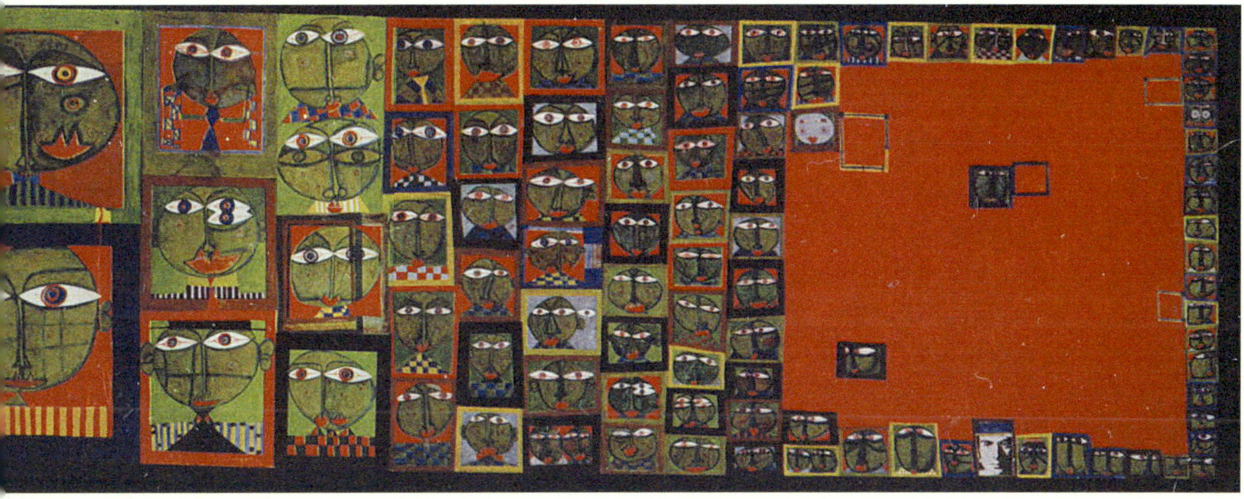

99 Köpfe. Friedensreich Hundertwasser, 1952

Wähle dir einen der Köpfe
und erzähle eine Geschichte dazu.

Ist Fabian ein guter Freund?

FREITAGNACHMITTAG

Katti kommt mich abholen. „Wie siehst du denn aus!“, ruft sie. „Mensch, wir gehen auf eine Party. Hier, zieh das an!“
Sie wirft mir eine Bluse zu, die Malte mir mal von einer seiner Reisen mitgebracht hat. Katti steckt mir die Haare hoch. Zupft hier und da. Ich gucke in den Spiegel. He, gar nicht mal schlecht.
Als ich gerade meine Schuhe anziehe, kommt Fabian.
Mit gegelten Haaren. „Wow!“, sagt Katti.
„Hat Mona gemacht“, sagt Fabian leicht verlegen.

Auf Renaldos Party ist alles perfekt. Tolle Dekoration. Tolle Musik. Na ja, wenn man auf Reggae steht. Und tolle Getränke.

Und warum amüsiere ich mich dann nicht??

Draußen sitzt Frau Borisch mit den beiden Kleinen im Sandkasten. Renaldo hat auch noch eine kleine Schwester von drei Jahren.
Jetzt fällt es mir ein. Quatsch, eigentlich habe ich es die ganze Zeit im Kopf: Mein Vater kriegt ein neues Kind und hat mir noch nichts davon erzählt.
Ich beiße mir auf die Lippe, damit keine Tränen in meinen Erdbeerflip tropfen.
Den anderen geht es gut. Katti quietscht vor Vergnügen, als würde sie dafür bezahlt.

Und sogar der zurückhaltende Fabian legt eine heiße Sohle aufs Parkett. Zum Glück kriegt keiner mit, dass ich nicht so gut drauf bin. Obwohl! Katti könnte wirklich mal nach mir schauen. Immerhin sitze ich schon eine geschlagene Stunde in der Hängematte ohne mich zu mucksen. Ich mache die Augen zu. Jetzt bloß nicht heulen. Jemand lässt sich neben mich plumpsen. Die Hängematte schwankt gefährlich. Es ist Fabian. Er hat mir ein giftgrünes Getränk mitgebracht.
„Is irgendwas mit dir?“, nuschelt er.
„Alles in Ordnung!“, sagte ich und versuche ein schiefes Lächeln.
„Kannste deiner Großmutter erzählen“, sagt er und nuckelt an etwas Pinkfarbenem.
„Mein Vater ist schwanger!“, sagte ich düster.
Ich rechne es Fabian hoch an, dass er jetzt keine dummen Witze macht.

FREITAGABEND (spät)

Weil ich sowieso nicht einschlafen kann, ergänze ich meine „In-und-out-Liste für Fabian Schilling“ noch ein bisschen:

Fabian Schilling → OUT
(das heißt, was ich an Fabian nicht mag)
Seine blöde Mütze
~~Seine komische, schüchterne Art~~
manchmal ist er ganz schön schwer von Begriff
~~Er ist eine Verrätersocke~~
(Lässt sich von diesem Bertfried einwickeln. Mit Autos! Pffff!!!)

Fabian Schilling → IN
(das heißt, was ich an Fabi an mag)
Seine komische, schüchterne Art
Die Sommersprossen

Er kann unheimlich gut zuhören.

Die Grübchen, wenn er lacht
Mona
Für einen Jungen kann er echt gut trösten.
Er macht keine blöden Witze im falschen Moment!!

Dagmar Geisler

Was bis Freitagmittag passiert ist, kannst du auf Seite 94 lesen. Wanda kennenlernen kannst du auf Seite 14.

Gestalte deine eigene IN-Liste.

Küss die Sterne

Ose-Dose (die Lehrerin) stand mit dem Rücken zur Tafel, auf der mit gelber Kreide geschrieben stand:

Die Frage war, wer diese fünf schrecklichen Wörter geschrieben hatte.
Hinten saß Sara und weinte, und Nannas und Amalies Taschentücher konnten bald ausgewrungen werden.
Esben war vor die Tür gesetzt worden, weil er die ganze Zeit gerufen hatte, dass er alle Mädchen hasste, Sara ganz besonders; und Sara sagte, Esben sei der blödeste Mistkerl in dieser und in der Unterwelt, und sie wollte ihm bei der erstbesten Gelegenheit die Haare ausreißen, und damit war es allen klar, dass auf der Tafel die reine Wahrheit stand.

Bjarne Reuter

Gedicht vom Gedicht

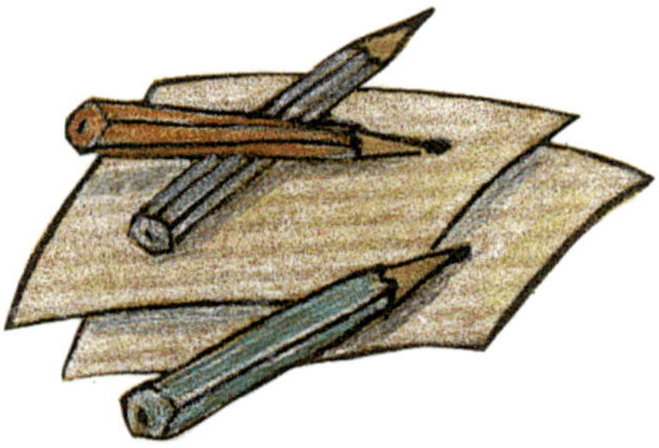

Ich machte ein langes Liebesgedicht,
aus dem meine Seele spricht.
Für meine liebste Freundin Marie.
Ehrlich, besser dichtete ich noch nie!

Marie hat sich darüber nur lustig gemacht.
Und mir ein Loch in die Seele gelacht.
Flicken lässt sich das Loch nimmermehr.
Wo krieg ich jetzt bloß eine neue Seele her?

Christine Nöstlinger

Vergleiche die beiden Texte.

Kennst du die drei ??? Kids?

Justus, Peter und Bob sind drei Freunde, die gemeinsam schon viele spannende Abenteuer erlebt haben. Justus lebt bei seinem Onkel, der einen Schrottplatz hat. Gerne treffen sich die drei in ihrem Geheimversteck, einem stillgelegten Wassertank, der von außen aussieht wie eine große Kaffeekanne.

Die drei ??? hockten schon den ganzen Vormittag in ihrem Geheimversteck und langweilten sich mit alten Rätselheften.
Justus Jonas hatte keine Lust mehr auf die Kreuzworträtsel. „Das ist schlimmer als Schule. Es wird Zeit, dass wir mal wieder ein richtiges Rätsel lösen können." Bob nickte zustimmend. „Genau. Wir brauchen was mit brennenden Schriftzeichen und alten Mumien."

Und schneller als sie denken können sind sie wieder mit einem spannenden Rätsel befasst. Oder was soll es sonst bedeuten, dass der berühmte Schauspieler Stanislav Leymont McMurdock auf einmal auf dem Schrottplatz von Onkel Titus auftaucht?

Ulf Blank

Streiten lernen

Wenn Steinböcke miteinander streiten, kracht es. Sie schlagen ihre Hörner mit Gewalt gegeneinander. Trotzdem sind sie fair. Der Angreifer schlägt nicht etwa gleich los. Er wartet, bis sein Gegner in den steilen Felsen festen Stand gefunden hat. Keiner soll in den Abgrund stürzen.
Das Fairsein scheinen junge Steinböcke richtig zu lernen. Ein Tierforscher hat das beobachtet. Wenn die Raufbolde aufeinander losgehen, ist ein erwachsener Bock Schiedsrichter. Tut einer der Kämpfer etwas Unerlaubtes, hakt er mit seinen Hörnern dazwischen. Er schiebt die des Unfairen sanft zur Seite.
Auch wir Menschen müssen das Streiten erst lernen. Zunächst, dass wir unseren Streit im Gegensatz zu den Tieren nicht mit Kraft, sondern mit Worten regeln sollten. Aber müssen wir überhaupt streiten?
Streiten ist wichtig! Denn Ärger hinunterzuschlucken macht krank. Da steckt die Wut bloß im Bauch und eines Tages „platzt" man dann vielleicht wegen einer ganz harmlosen Sache. Und: Wer richtig streitet, ist am Ende nicht mehr sauer auf den anderen. Er versteht ihn sogar ein bisschen. Es ist nämlich meistens so:
Bei einem Streit hat jeder ein wenig Recht und jeder ein wenig Unrecht. Deshalb ist es wichtig, dem anderen zuzuhören und anzuerkennen, wo man Unrecht hat.
Wenn jeder einsieht, dass auch er nicht alles richtig gemacht hat, dann kann jeder auch ein wenig nachgeben. Und schon ist der Streit beendet!

Falsch streiten ist:
- herumzuschreien
- nicht zuzuhören
- den anderen nicht zu Wort kommen zu lassen
- zu drohen und dem anderen Angst einjagen zu wollen
- handgreiflich zu werden
- nicht nachzugeben

Richtig streiten ist:
- ruhig, aber bestimmt zu sagen, was man meint
- zuzuhören, was der andere sagt
- den anderen ausreden zu lassen
- höflich zu bleiben, nicht anzugeben
- auf keinen Fall handgreiflich zu werden
- bereit sein, eine für beide gerechte Lösung zu finden

Warum kann Streit wichtig sein? Lies die Textstelle vor.

Werkstatt 172

Gestern war wieder was los!

Ich bin Christine und Streitschlichterin an unserer Schule. Montags haben Lukas und ich Dienst auf dem Hof. Manchmal kann das echt langweilig sein, aber gestern wurden wir zu einer richtig brenzligen Situation geholt. Leos Knie blutete und Anna weinte. „Können wir euch bei eurem Streit helfen?", fragte Lukas.

Im Schlichtungsraum erklärten wir ihnen unsere Regeln und dass unser Prinzip „win-win" heißt. Das bedeutet, es gibt keinen Verlierer, beide sollen aus unserer Vermittlung einen Vorteil ziehen.

Leo wusste gar nicht, warum Anna ihn plötzlich geboxt und geschubst hatte: „Ich habe überhaupt nichts gemacht!"

Anna berichtete schließlich, dass sie sich schon in der ersten Pause schrecklich über Leo geärgert hätte: „Nie gibst du den Ball ab. Alle anderen wollen auch mal in den Korb werfen. Ich bin ebenso gut und lasse die anderen mitspielen. Du willst bloß angeben!"

Leo dagegen hatte auf Bewunderung und Anerkennung für sein Spiel gehofft.

Im Gespräch wurde ihm klar, warum Anna so sauer auf ihn war.

Beide fanden ihre Entdeckungen richtig spannend. „Wir sind Detektive, den Gefühlen auf der Spur."

Jetzt hatten beide auch gute Ideen für den Ausgleich. Leo beschloss, in den nächsten drei Tagen nach jedem Wurf den Ball wieder abzugeben, und Anna verpflichtete sich, drei Tage lang eine gerechte Schiedsrichterin zu sein. Dieses Amt ist nämlich bei uns nicht sehr begehrt. Wir unterschrieben darüber alle vier einen Vertrag.

Lukas und ich waren mit dem erfolgreichen Gespräch und unserer Arbeit sehr zufrieden. Wir fanden, Leo und Anna hatten sich wirklich bemüht und auch Vertrauen zu uns gehabt.

Ingeborg Hinz

Unsere **Regeln** für das Schlichtungsgespräch:

1. Zuhören ohne Unterbrechungen
2. Fair sein, z. B. keine Beleidigungen oder Schuldzuweisungen
3. Offenheit und Ehrlichkeit: Die Wahrheit muss auf den Tisch.
4. Vertraulichkeit: Was wir besprechen, bleibt unter uns.

Welche Regeln gibt es in deiner Klasse?

Werkstatt 167

Streiten muss sein!

Streiten muss sein!	Nein, nein!
Streiten macht frei!	Es ist bloß Geschrei!
Streiten tut gut!	Es steigert die Wut!
Streiten macht Spaß!	Es erzeugt Hass!
Streiten ist fein!	Streit ist gemein!

Und was machen die beiden?

Sie streiten!

Irmela Brender

Diese Gedichte lassen sich gut zu zweit vortragen.

Umkehrung?

Wer hat mit dem Zwist angefangen?
Er doch! Ja, er!
Und sie dort! Mitgegangen, mitgehangen!

Nein, gerade andersherum:
Ihr habt angefangen, ihr!
Und zuallererst du
und deshalb und darum …

Fragen wir etwa verkehrt?
Angenommen, man fragte immer:
Wer hat zuerst aufgehört?
Man fragte sie, ihn, dich, mich.
Und jeder könnte guten Gewissens sagen:
Ich!

Hans Manz

Werkstatt 185

Ein Nasenhuhn

ein Nasenhuhn
ein Nasenzwerg
ein Nasenschwein
die gründeten
einen Verein

und als da kam
ein Ohrentier
da riefen sie:
„was willst du hier?“

ein Ohrenhuhn
ein Ohrenzwerg
ein Ohrenschwein
die gründeten
einen Verein

und als da kam
ein Nasentier
da riefen sie:
„was willst du hier?“

Jürgen Spohn

Hast du so eine Situation schon einmal erlebt? Erzähle.

Dialog

„Du redest so gut deutsch.
Wo kommst du denn her?“
„Aus Hamburg.“
„Wieso? Du siehst aber nicht so aus!“
„Wie sehe ich denn aus?“
„Na ja, so schwarzhaarig und dunkel ...“
„Na und?“
„Wo bist du denn geboren?“
„In Hamburg.“
„Und dein Vater?“
„In Hamburg.“
„Deine Mutter?“
„Im Iran.“
„Da haben wir's!“
„Was denn?“
„Dass du keine Deutsche bist!“
„Wer sagt das?“
„Na ich!“
„Warum?“
„Weiß ich auch nicht ...“

Nasrin Siege

Werkstatt 178

Das große und das kleine NEIN

Das kleine NEIN sitzt auf einer Bank im Park und isst Schokolade. Es ist wirklich sehr klein, richtig winzig, und ganz leise. Da kommt eine große, dicke Frau und fragt: „Darf ich mich zu dir setzen?“ Das kleine NEIN flüstert leise: „Nein, ich möchte lieber allein sein.“ Die große, dicke Frau hört gar nicht hin und setzt sich auf die Bank. Da kommt ein Junge angerannt und fragt: „Darf ich deine Schokolade haben?“ Das kleine NEIN flüstert wieder: „Nein, ich möchte sie gern selbst essen.“ Aber auch der Junge hört nicht, nimmt dem kleinen NEIN die Schokolade weg und beginnt zu essen. Da kommt ein Mann vorbei, den das kleine NEIN schon oft im Park gesehen hat, und sagt: „Hallo, Kleine. Du siehst aber nett aus, darf ich dir einen Kuss geben?“ Das kleine NEIN flüstert zum dritten Mal: „Nein, ich will keinen Kuss.“ Aber auch der Mann scheint nicht zu verstehen, geht auf das kleine NEIN zu und macht schon einen Kussmund. Nun verliert das kleine NEIN aber endgültig die Geduld. Es steht auf, reckt sich in die Höhe und schreit aus vollem Hals: „NEIIIN!“ Und noch mal: „NEIN, NEIN, NEIN! Ich will allein auf meiner Bank sitzen, ich will meine Schokolade selbst essen und ich will nicht geküsst werden. Lasst mich sofort in Ruhe!“ Die große, dicke Frau, der Junge und der Mann machen große Augen: „Warum hast du das nicht gleich gesagt?“, und gehen weiter ihrer Wege.

Und wer sitzt jetzt auf der Bank? Nein, nicht ein kleines NEIN, sondern ein großes NEIN. Es ist groß, stark und laut und es denkt: „So ist das also. Wenn man immer leise und schüchtern NEIN sagt, hören die Leute nicht hin. Man muss schon laut und deutlich NEIN sagen.“ So ist aus dem kleinen NEIN ein großes NEIN geworden.

Gisela Braun

Wodurch ist das NEIN groß geworden?

Werkstatt 184

Kann ich Nein sagen lernen?

Oft musst du Pflichten erfüllen, wie deine Hausaufgaben machen oder zu Hause helfen. Ein „Nein" würde hier anderen oder dir selbst schaden. Manchmal werden aber auch Dinge von dir verlangt, von denen du nicht sicher bist, ob sie wirklich sein müssen, z. B. dich von Bekannten deiner Eltern umarmen lassen. Wenn es um dich persönlich und um deine Gesundheit geht, hast du Rechte.

Kann ich Nein sagen lernen?

Nein sagen zu etwas, wenn man sich nicht sicher ist, ob es sein muss, ist gar nicht so leicht. Nein sagen ist eine Frage deines Selbstbewusstseins und du kannst es lernen.
Dazu gehört, dass du dich selbst magst und weißt, was dir gut tut und was nicht.

Das 10-Punkte-Trainingsprogramm für dein Selbstbewusstsein:

- Ich mache jeden Tag etwas Schönes – etwas, das mir richtig gut tut.
- Ich frage mich, wie es mir geht, was ich fühle und warum das so ist.
- Ich denke darüber nach, was mir gut tut.
- Ich lerne mich jeden Tag noch ein bisschen besser kennen.
- Ich frage mich selbst nach meiner Meinung – und die sage ich auch. Ich versuche aber auch, andere Meinungen zu verstehen.
- Wenn ich erkenne, dass ich etwas nicht tun sollte, sage ich klipp und klar „nein".
- Ich rede mit meinen Freunden über meine Probleme – oder über ihre.
- Ich sage mir „Ich schaff das schon!" – auch wenn ich manchmal Angst habe.
- Ich freue mich, wenn mir etwas gut gelingt, kann es aber auch aushalten, wenn einmal etwas nicht so klappt. Dann nehme ich einen neuen Anlauf.
- Ich habe mich gern.

Was tust du um Nein sagen zu lernen?

Kathrin spricht mit den Augen

Hallo, ich heiße Kathrin! Ich bin zehn Jahre alt und wohne mit meiner Mama und meinem Bruder Niklas in einem großen Haus in der Stadt. Ich mag gern Musik und Geschichten. Nachmittags lese ich viel oder ich spiele mit Niklas. Wir liegen dann auf der Erde und machen Quatsch oder wir toben miteinander. Doch das ist nicht immer leicht, denn ich kann meine Arme und Beine nicht so bewegen, wie ich das gern möchte. Allein gehen oder stehen kann ich nicht. Deshalb habe ich einen Rollstuhl. Der fährt elektrisch und mit ihm bewege ich mich fort.

Aber leider sitze ich viele Stunden am Tag in diesem Rollstuhl. Oft sehe ich den anderen dabei zu, wie sie herumlaufen und miteinander spielen, und ich kann es ihnen nicht nachmachen. Solche Momente machen mich traurig. Auch das Sprechen fällt mir schwer. Kurze Wörter wie „ja" oder „nein", „Mama" oder „Papa" kann ich zwar leicht sagen, doch ganze Sätze kann ich leider nicht sprechen. Eigentlich rede ich mit meinen Augen. Wenn ich etwas haben möchte, schaue ich es an und jemand anderes muss es mir bringen. Wenn ich spazieren möchte, blicke ich zur Tür, und wenn ich Hunger habe, sehe ich den Tisch an.

Seit einigen Jahren habe ich eine Buchstabentafel. Das ist eine kleine Karte, auf der das Alphabet steht. Sie hilft mir, etwas zu sagen. Ich sehe dazu auf die Buchstaben und setze so das Wort zusammen, das ich sagen möchte. Das dauert zwar lange, aber die Tafel hilft mir doch sehr. Bis ich meine Buchstabentafel hatte, konnten mich die meisten Leute nicht verstehen. Nur mit den Blicken zu sprechen ist schwierig und man kann auch nicht alles ausdrücken, was man möchte.

Werkstatt 171

Lange Zeit habe ich mich gefragt, wie sich die Wolken anfühlen, und ich wollte mit jemandem darüber reden, warum es behinderte Kinder auf der Welt gibt. Erst mit der Tafel konnte ich Sätze buchstabieren, und so musste ich lange warten, bis jemand mit mir über diese Dinge sprach.
Es ist schwer, nicht sprechen zu können. Oft bin ich deswegen traurig. Aber es gibt einen Satz, den ich mir ausgedacht habe und den meine Mutter mir ganz groß aufgeschrieben hat: „Nicht lachen können ist schlimmer als nicht reden können.“
Und lachen kann ich sehr gut.
Wenn ich auch bei vielen Dingen die Hilfe von anderen Leuten brauche, gibt es doch einiges, was ich alleine kann, zum Beispiel lesen, malen, Geschichten erfinden und vieles mehr.

Jeden Morgen um halb sieben kommt meine Mama mich wecken. Gemeinsam suchen wir die Kleidung für mich aus und dann zieht sie mich an. Ich helfe ihr natürlich, so gut es geht. Beim Frühstück hilft sie mir. Sie schneidet das Brot und gibt es mir in den Mund. Frühstück mit Niklas und Mama mag ich besonders gern. Meist albern wir herum oder planen schon einmal, was wir am Nachmittag unternehmen wollen.

Kurz vor acht werde ich dann zur Schule abgeholt.
Die Schule, in die ich gehe, ist eine besondere Schule, eine Förderschule. Hier gibt es mehr Lehrerinnen und Lehrer als an anderen Schulen. Das ist auch nötig, wegen der vielen Schüler, die in Rollstühlen sitzen oder die nicht reden können. Die Lehrer brauchen einfach mehr Zeit für uns.
In die Schule gehe ich sehr gern und fast alle Fächer machen mir Spaß. Am liebsten mache ich Mathematik. Da bin ich sogar Klassenbeste.
Neulich wurde ich von meinen Mitschülern zur Klassensprecherin gewählt. Darüber habe ich mich ganz besonders gefreut.
Wir haben viele Fächer, die es in anderen Schulen nicht gibt, zum Beispiel Krankengymnastik, Sprachübungen, Esstraining und Rollstuhlsport. Den habe ich besonders gern. Wir machen dort Spiele und Übungen mit dem Rollstuhl, wie Fangen, Wettrennen und vieles mehr.

Wenn ich nachmittags nach Hause komme, möchte ich meiner Mama sofort erzählen, was ich in der Schule erlebt habe.

An den Nachmittagen bin ich am liebsten draußen. Nicht weit von uns zu Hause gibt es einen schönen Wald, dort gehen wir oft hin. Ich höre dem Wind in den Bäumen zu, beobachte die Bienen, wenn sie die Blumen besuchen, und sehe zu, wie der Bach plätschernd über Steine und Gräser fließt. Wenn man den Waldweg bis zum Ende geht, kommt man zu einem großen Spielplatz. Während Niklas am liebsten herumklettert, setze ich mich mit meiner Mama auf eine Schaukel. Sie hält mich dann fest und wir schaukeln gemeinsam.

Doch obwohl die Zeit mit Mama und Niklas immer schön ist, fühle ich mich allein. Die Kinder aus meiner Klasse kann ich nach dem Unterricht nicht treffen, denn sie kommen alle von sehr weit her. Und die Kinder in unserer Nachbarschaft spielen nicht mit mir. Da ich nicht sprechen kann, wissen sie wohl nicht, wie sie sich verhalten sollen, und gehen mir deshalb aus dem Weg.

Dabei ist es so leicht, mit mir zu spielen. Ich habe Spaß daran, anderen beim Spiel zuzuschauen, ich höre zu oder lasse mir vieles zeigen. Ich spiele auch gerne mit Steckbausteinen und helfe beim Zusammenbauen, indem ich mit den Blicken zeige, wo die Steine aufgebaut werden sollen.
Doch kein Kind aus meiner Nachbarschaft hat bisher so mit mir gespielt.

Deshalb fühle ich mich einsam. Das ist überhaupt das Schlimmste: nicht, dass ich nicht laufen kann; nicht, dass ich nicht sprechen kann; sondern dass ich keine richtige Freundin habe.
Ob wohl alles anders wäre, wenn ich reden könnte? Ich glaube schon.

Dennoch muss ich lernen, mich auf meine Art besser auszudrücken.
Wer weiß, vielleicht treffe ich jemanden, der mich auch so versteht und der mich mag.
Das ist mein größter Wunsch.

Kathrin Lemler / Stefan Gemmel

Versuche, mit den Augen zu sprechen.

Stephen Hawking

Stephen Hawking ist ein englischer Astrophysiker und eines der größten Genies unserer Zeit. Er führte die Lehren des berühmten Albert Einstein weiter und schrieb über den Anfang und das Ende des Universums. Stephen Hawking wurde am 8. Januar 1942 in Großbritannien geboren. Als er 21 Jahre alt war wurde bei ihm eine schwere Krankheit diagnostiziert. Diese Krankheit zerstört das Nervensystem im Körper. Stephen Hawkings Gehirn ist jedoch von der Krankheit nicht betroffen. Die Diagnose spornte ihn an, in kurzer Zeit viel zu leisten. Er begann seine Doktorarbeit zu schreiben und heiratete seine erste Frau, mit der er drei Kinder bekam.
Die Doktorarbeit wurde von Helfern geschrieben, da seine Hand schon Lähmungserscheinungen zeigte.
Seit 1968 sitzt Stephen Hawking im Rollstuhl. Als er 1985 eine Lungenentzündung bekam, musste seine Luftröhre durchgeschnitten werden, um ihn zu retten. Seitdem kann er nicht mehr sprechen. Erst konnte er sich nur durch Hochziehen einer Augenbraue verständigen. Jetzt benutzt Stephen Hawking einen Sprachcomputer, den er mit seinem rechten Wangenmuskel steuert.

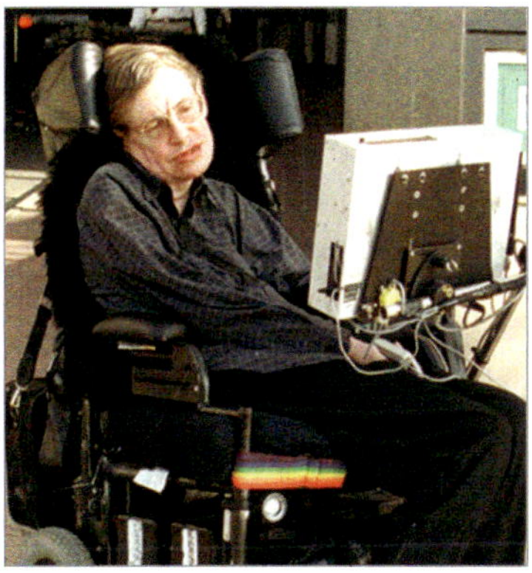

Am 26. April 2007 durfte Stephen Hawking an einem Flug der NASA teilnehmen. Der kurze Zustand der Schwerelosigkeit begeisterte ihn. 2007 kam sein wissenschaftliches Kinderbuch „Der geheime Schlüssel zum Universum" heraus, welches er gemeinsam mit seiner Tochter Lucy Hawking geschrieben hat.

Finde weitere Informationen über Stephen Hawking.

Was, wenn?

Wenn ich einmal nicht mehr
in dieser Stadt wohne,
wo wird es dann sein?
In was für Wohnungen,
von was für Leuten,
werde ich dann wohl
von meinem Fenster aus sehen?
Was für Menschen werden mich
auf der Straße begrüßen
und mich fragen,
wie es mir geht?

Wenn ich einmal nicht mehr
zur Schule gehe,
wohin gehe ich dann jeden Tag?
Werde ich eine Arbeit haben,
die ich gerne tue, oder
fürchte ich mich vor jedem Tag?

Wenn ich meine Eltern einmal
nicht mehr so brauche wie jetzt,
weil auch ich erwachsen geworden bin,
was brauche ich dann?

Wenn einmal alles nicht mehr
so ist, wie es jetzt ist,
wer bin ich dann?

Brigitte Schär

Schreibe dein eigenes „Was, wenn?"

Julias anderer Tag

Gleich beim Aufstehen kam Julia der Gedanke, dass heute einmal ein anderer Tag sein sollte. Nicht so einer wie gestern und vorgestern und vorvorgestern.
Sie machte alles anders. Statt sich zu waschen, duschte sie. Zum Frühstück aß sie Haferflocken mit Zucker und Milch, nicht Marmeladebrot wie sonst. Sie räumte den Frühstückstisch ab und bat ihre Mutter, ihr das Haar zu zwei Schwänzchen zu binden. Sonst räumte die Mutter den Tisch ab und Julia kämmte sich allein.
An anderen Tagen ging sie immer auf der rechten Straßenseite zur Schule, heute auf der linken. Sie holte nicht Gabi ab, sondern Helga.
Gestern und vorgestern und am Tag zuvor war Julia in der Schule ziemlich still gewesen. Sie wusste viele Dinge nicht und deshalb meldete sie sich selten.
Aber heute war ein anderer Tag. Gleich zu Beginn der Rechenstunde sagte sie zu ihrem Lehrer: „Ich habe die letzten Aufgaben nicht verstanden. Könnten Sie sie mir bitte noch einmal erklären?"
In Deutsch sagte sie ein Gedicht auf, obwohl sie Angst hatte steckenzubleiben. Sie blieb auch stecken. Statt sich zu schämen wie sonst, sagte sie: „Jetzt weiß ich nicht mehr weiter. Helfen Sie mir?"
Die Lehrerin half ihr.
In der Pause aß Julia eine Brezel statt eines Apfels.
Am Nachmittag übte Julia auf Helgas Skateboard. Gestern hatte sie zu viel Angst gehabt herunterzufallen. Heute fiel sie. Ihr Knie blutete, und statt die Tränen zurückzuhalten, weinte Julia richtig. Ihre Mutter tröstete sie und gab ihr einen Kuss – das hatte sie gestern und vorgestern und am Tag zuvor nicht getan.
Sie schaute nicht die Kinderstunde im Fernsehen an, sondern wollte den Krimi sehen. Deshalb gab es Streit mit ihrem Vater. Zum Schluss sagte Julia nicht wie sonst meistens: „Ich sehe es ein." Sie sagte: „Ich sehe gar nicht ein, warum ich den Krimi nicht sehen darf. Das ist bloß, weil du erwachsen bist und alles bestimmen kannst!"
Ihr Vater schaute sie erstaunt an und sagte: „Nanu, Julia!" Ihre Mutter sagte: „Wir sprechen morgen noch einmal darüber, was Julia anschauen darf und was nicht. Einverstanden?"
Als Julia ihren Eltern gute Nacht sagte, gab sie ihnen einen Kuss. Das tat sie sonst schon lange nicht mehr.
Noch viele andere Dinge hatte sie an diesem Tag anders getan. Es war ein aufregender Tag gewesen.

Irmela Brender

Wie würde dein anderer Tag aussehen?
Was würdest du anders machen?

Vom Wünschen und brauchen

Der Rabe und der Haushahn

Ein Rabe schleppte tausend Dinge,
Geld, Glaskorallen, Perlen, Ringe,
In seinen Winkel, wo er schlief.
Der Haushahn sah dies an und rief:
„Was tust du, Freund, mit diesen Sachen,
Die dich doch niemals glücklich machen?“
„Ich weiß es selbst nicht“, sprach der Rabe.
„Ich hab es nur, damit ich's habe.“

Karl Friedrich Ramler

Erzähle von deinen Sammlungen.

Vom Wünschen und brauchen:
Was brauchst du wirklich?

Werkstatt 176

Lyzadanger/Fred Meyer, Supermarkt in Portland, Oregon (USA)

Schau dir mit deinem Nachbarn das Bild genau an. Erzählt euch gegenseitig, was ihr entdecken könnt.

Ich will so bleiben, wie ich bin

Wie immer spionierte Ente Erna neugierig, was bei der Bauernfamilie passierte. Sie staunte: Das war ja kaum zu glauben, was sie da wieder im Fernsehen gesehen hatte! Das musste sie unbedingt den anderen erzählen!
Sofort rannte sie in den Hühnerstall.
„Alle mal herhören!“, trötete Erna. „Es werden nur noch Eier verkauft mit einer Überraschung drin. Nur damit ihr Bescheid wisst!“
„Überraschungen?“, fragten die Hühner verwirrt. „Wer behauptet denn so was? Und was sollen das für Überraschungen sein?“
„Überraschungen eben“, sagte Erna. „Das haben sie im Fernsehen gesagt, also wird das wohl stimmen!“
Und bevor Erna den ratlosen Hühnern noch etwas erklären sollte, rannte sie schon weiter zum Kuhstall.
„Neuigkeiten, Neuigkeiten, Neuigkeiten!“, plapperte Erna gleich los. „Habt ihr es schon gehört: Die schönsten Kühe sind lila!“
„Du spinnst wohl!“, rief Waltraud und verschluckte sich fast vor Schreck.
„Lila? Seit wann denn das?“, fragte Frida.
„Das erzählen die im Fernsehen“, sagte Erna, „und dann wird das ja wohl stimmen, oder?“
Und schon flitzte Erna wieder zur Stalltür hinaus.

Auf der Wiese faulenzten gemütlich drei Schafe. Kaum war Erna auf den Zaun gesprungen, zog sie Lulu am Fell.
„Also, wenn diese Wolle weichgespült ist, fresse ich einen Besen!“, rief sie angewidert.
„Weichgespült?“, blökten Lola und Lilli.
„Klaro“, sagte Erna, „im Fernsehen haben sie gesagt, dass Wolle ganz, ganz weich sein muss. Aber jetzt will ich noch schnell zu Cleo.“
Lilli, Lulu und Lola schauten Erna fragend hinterher.

Cleo saß vor der Scheune und putzte ihren runden, dicken Bauch.
„Na, du Pummel!“, hänselte Erna, „hast du es noch nicht gehört? Nur wer dünn ist, ist richtig glücklich.“
Die Katze schaute auf ihren dicken Bauch hinunter und fragte: „Bist du da ganz sicher?“
„Und ob!“, rief Erna, „das sagen die sogar im Fernsehen!“
Nach diesen Neuigkeiten waren alle Tiere ganz verwirrt. Sie zerbrachen sich die Köpfe:

Stimmte das, was Ente Erna erzählt hatte? Die Hühner versuchten alles, um Überraschungen in ihre Eier zu bekommen. Immer wieder schlugen sie vorsichtig ein Ei auf, aber weit und breit war keine Überraschung zu sehen.

Die Kühe aßen nur noch lila Blüten und rieben sich auch damit ein. Sie sahen von Stunde zu Stunde fleckiger aus, aber kein bisschen lila.

Die Schafe legten sich nacheinander in eine alte Badewanne voller Kräutertee. Ihre Wolle war ganz filzig, aber überhaupt nicht weicher.

Und die Katze Cleo machte Gymnastik und eine Möhrendiät. Dabei fand sie Möhren schrecklich eklig. Und ihr Bauch blieb kugelrund.

Ein paar Tage später besuchte Cleo Gustav, das Schwein. Gustav wälzte sich gemütlich im Schlamm.

„Hab schon gehört, dass Erna euch alle verrückt macht mit ihren Neuigkeiten aus dem Fernsehen! Also mir ist das alles völlig egal!", grunzte Gustav. „Bist du denn schon dünner und richtig glücklich?", fragte er Cleo und grinste.

„Nö", sagte die Katze, „aber ich habe fürchterlichen Hunger!"

„Wie gut, dass wir heute Abend wieder alle zusammen Memory spielen", seufzte Gustav, „beim Spielen wirst du deinen Hunger schon vergessen. Und die anderen werden dann sicher auch wieder lustig."

„Denkste!", seufzte Cleo, „dafür hat heute sowieso keiner Zeit! Die Kühe wollen ihr Fell noch mit neuen Blüten einreiben, die Hühner sind voll im Stress mit den Überraschungseiern, die Schafe wollen noch mal mit einer anderen Teesorte in die Wanne – und ich …", sie schaute verlegen auf ihren runden Bauch, „… sollte lieber noch eine Runde Gymnastik machen!"

„Na super!“, nölte Gustav, „ich sehe schon, jeder hat schlechte Laune, weil keiner so wird, wie die im Fernsehen sagen. Aber bald kriege ich auch schlechte Laune!“, rief Gustav.

„Sauerei! Heute Abend ist Memory-Abend! Und nur weil Erna solche Sachen erzählt, hat plötzlich keiner mehr Zeit! Das kann doch nicht sein!“, schimpfte er.

Plötzlich aber kam ihm eine Idee. Ganz leise flüsterte er Cleo etwas ins Ohr. Cleo nickte und grinste. „Also, bis später in der Scheune!“

Pünktlich um sieben trafen sich alle Tiere in der großen Scheune zum Memory-Spielen, obwohl sie ja eigentlich keine Zeit hatten.

Auch Erna kam. Doch kaum hatte sie sich gesetzt, meldete sich Lola zu Wort:

„Du, Erna, ich habe heute im Fernsehen gesehen, dass sich Enten zurzeit rasieren! So richtig von Kopf bis Fuß!“

„Bist du da ganz sicher?“, fragte Erna mit großen Augen.

„Aber ja! Und sie kleben sich Holzklötzchen unter die Füße, damit sie größer aussehen!“, riefen die Hühner aufgeregt.

„Aber man wird nur richtig glücklich, wenn man dazu giftgrüne Hüte trägt“, ergänzte die Katze.

„Giftgrün?“, fragte Erna entsetzt.

„Das ist ja ekelhaft!“

„Tja, aber wenn sie es doch im Fernsehen gesagt haben …“, begann Gustav.

Erna schaute verzweifelt an sich herunter.

„Wie soll ich das machen? Das, das, das gefällt mir aber gar nicht!“, stotterte sie.

Und dann schrie sie ganz laut und furchtbar verzweifelt: „Ich will so bleiben, wie ich bin!“

„Und wir nämlich auch!“, riefen die anderen Tiere zurück und wälzten sich vor Lachen im Stroh.

Erna seufzte erleichtert.

„Fernsehen mag ja Spaß machen, aber müssen wir alles glauben, was die im Fernsehen sagen?“, fragte Cleo.

„Und nun leg die Memory-Kärtchen hin! Jetzt spielen wir wie früher.“

Hermien Stellmacher

Sammelt echte Werbetexte und -sprüche. Sprecht darüber, was sie aussagen.

Was ich brauche – Was ich mir wünsche

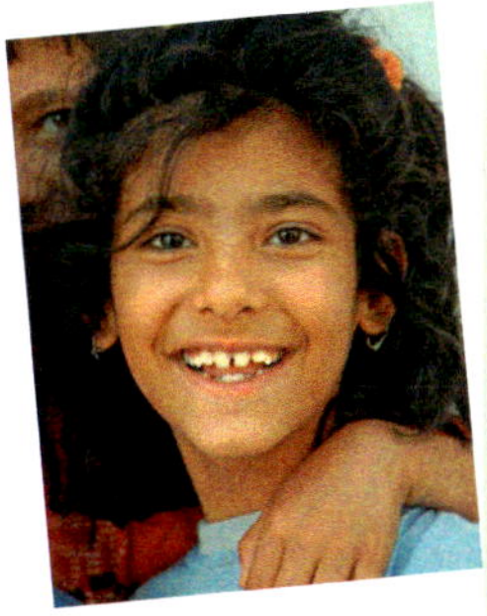

Ich brauche meine Eltern, weil sie alles verstehen und für mich und meine Schwester da sind. Essen und Trinken brauche ich natürlich auch. Manchmal ist es gut, wenn ich ein Buch habe, mit dem ich mich in mein Bett verkriechen kann.
Auch meine Freundin brauche ich. Ich würde gerne viele Reisen machen, weil ich etwas erleben will. Manchmal wünsche ich mir, dass meine Eltern mehr Zeit für mich hätten. Ayse

Was ich zum Leben brauche, habe ich eigentlich alles. Aber ich wünsche mir endlich diese megatollen Turnschuhe, die fast alle anderen in meiner Klasse auch haben.
Max

Was ich mir wünsche, kriege ich nicht, weil meine Mutter sagt, das brauche ich nicht.
Tim

Ich wünsche mir, dass meine Familie aus Vietnam nach Deutschland kommt, einen Hund zum Spielen und dass es keinen Krieg mehr gibt.
Thanh-Tu

Ich brauche Lebensmittel und Kleidung. Ich wünschte, ich wäre besser in der Schule, denn meine Eltern wollen, dass ich aufs Gymnasium komme.
Caroline

Ich brauche neue Schuhe. Wünschen würde ich mir ein Handy.
Marie

Ich brauche Kleidung, damit mir nicht kalt wird. Ich wünsche mir ein Haustier, damit mir nicht immer so langweilig ist. Eltern brauche ich auch, damit sie mich pflegen und auch arbeiten gehen und Geld verdienen. Außerdem wünsche ich mir Frieden auf Erden. Johanna

Und du?
Was brauchst du?
Was wünschst du dir?

DIE NEUSTE MODE

Was ist der Witz? Erzähle.

zentrale Aussagen eines Textes erfassen und wiedergeben

In uniform to school

In Uniform zur Schule – das ist für die Schüler in Großbritannien ganz selbstverständlich. Jede Schule hat ihre eigene *school uniform*. An der *primary school*, die William besucht, tragen die Mädchen im Sommer hellblaue Kleider, im Winter aber genauso wie die Jungen graue Hosen, weiße Hemden und blaue Pullis mit Schullogo. Andere Schulen haben sich für andere Farben entschieden, für Röcke statt Kleider oder für zusätzliche Jacken. An den weiterführenden Schulen tragen alle Schüler dazu noch eine *school tie*, eine Schulkrawatte.
Wozu das alles gut sein soll?
Erstens kann es so nicht passieren, dass ein Schüler, der nicht die gerade angesagten „supercoolen" Jeans anhat, von den anderen deshalb verspottet wird. Und keiner kann sich groß aufspielen, nur weil er teure Markenkleidung trägt.
Zweitens wirkt sich die Schuluniform auch auf die Schulgemeinschaft positiv aus und vermittelt jedem Schüler: „Wir gehören zusammen!"

Manchen ist eine Uniform aber viel zu unpersönlich, sie würden lieber „normale" Klamotten anziehen.
Deshalb gibt es an den meisten Schulen einmal im Schuljahr einen *own clothes day*, einen Eigene-Kleidung-Tag. Da kann jeder anziehen, was er möchte.

Was spricht für und was gegen eine Schuluniform?

Trau dich, Sofie

Sofie trat ungeduldig von einem Fuß auf den anderen und schielte auf ihre Uhr. Wenn Melissa und Iris nur nicht jedes Mal nach dem Unterricht so lange auf dem Schulhof herumtrödeln würden, um Rambo und seine Gang abzupassen.
Sie fand die vier Jungen widerlich. Doch sie traute sich nicht, es zu zeigen. „He, was ist denn nun mit heute Nachmittag?", rief Melissa den Jungen nach.
„Wir sind im Freibad", brüllte Rambo zurück, ohne sich noch einmal umzublicken.
Für Melissa und Iris stand fest, dass das eine Einladung gewesen war. „Du kommst doch auch, Sofie?"
„Ich habe Klavierunterricht."
Trotz der Hitze war Sofie plötzlich eiskalt und um ihre Brust lag ein dicker Strick, der sich immer enger zusammenzog.
Zum Glück gaben sich Iris und Melissa mit Sofies Entschuldigung zufrieden. Es war ihnen gleichgültig, wo Sofie ihre Freizeit verbrachte, denn im Grunde genommen waren sie gar nicht an ihr persönlich interessiert. Entscheidend war nur, dass sie zu ihrer Clique gehörte, sozusagen als Aushängeschild. Denn Sofie war Klassenbeste, wohnte laut Iris in derselben „Top-Gegend" wie sie beide auch und trug teure und modische Klamotten. Das alles war in den Augen von Melissa und Iris außerordentlich wichtig.
Allerdings lag Sofie auch nichts an Melissa und Iris. Sie fand die beiden dumm und oberflächlich. Wenn sie trotzdem mit ihnen zusammen war, dann nur, weil sie sonst niemanden hatte. Zwar waren alle in der Klasse freundlich zu ihr, aber stets auf eine höfliche, distanzierte Weise.
Wirkliche Freunde besaß Sofie nicht, weder in der Schule noch außerhalb.
„Tschüs, bis morgen, ihr drei!", riss eine fröhliche Stimme Sofie aus ihren Grübeleien. Auch Melissa und Iris fuhren überrascht zusammen. Es war Babett, die auf ihrem Fahrrad an ihnen vorbeiflitzte. Sie war noch nicht lange in ihrer Klasse, hatte aber bereits Anschluss an die Clique um Susi, Martin und Bettina gefunden. Mit denen wäre Sofie auch gern befreundet gewesen. Aber sie zeigten keinerlei Interesse an ihr und aufdrängen wollte Sofie sich nicht.
„Habt ihr ihre Jeans gesehen?", fragte Iris hämisch, als Babett an ihnen vorbei war. „Wie man sich in solchen Klamotten überhaupt auf die Straße wagen kann."
Melissa schaute Babett kopfschüttelnd nach. „Und dann ihre Haare! Wenn ihr mich fragt, die schnippelt sie sich selber."
„Als hätten Ratten daran herumgeknabbert." Iris schüttelte sich und grinste.
Melissa sagte gehässig: „Ich habe gehört, dass sie draußen am Kahlberg wohnt, in der miesesten Gegend."
Iris mimte Entsetzen und machte ein Gesicht, als hätte sie etwas Ekliges angefasst.
Sofie spürte, wie es in ihr kochte. Sie hätte den beiden gern gehörig die Meinung gesagt, wie überheblich und anmaßend sie sie fand und wie dämlich. Aber sie traute sich nicht und schluckte ihre Empörung

Werkstatt 176|181

und ihren Ärger wieder einmal hinunter.

Sofie fand Babett sympathisch.

Sie bewunderte es, dass sie trotz ihrer abgetragenen Kleidung und ihrer selbst geschnittenen Frisur so vergnügt und selbstsicher durch die Gegend stapfte.

Außerdem hatte Babett Köpfchen.

Sie nahm regen Anteil am Unterricht, gab oft sehr gescheite und witzige Antworten und hatte außer in Mathe recht gute Noten. Die schienen ihr allerdings nicht besonders wichtig zu sein. Ihre große Leidenschaft galt dem Fotografieren und dem Sport.

Sofie hatte sie neulich zu Frau Paul, der Klassenlehrerin, sagen hören, dass sie später einmal Journalistin werden wollte.

Jedenfalls fand Sofie Babett viel interessanter als Melissa und Iris. Sie hätte sie gern näher kennen gelernt, traute sich jedoch nicht, auf sie zuzugehen. Wegen Melissa und Iris, aber auch weil sie Angst hatte, Babett könnte sie zurückweisen.

Melissa und Iris hörten gar nicht wieder auf, über Babett herzuziehen. Sofie war froh, als sie endlich am Schillerplatz angelangt waren, wo sich ihre Wege trennten. „Bis morgen."

Grüßend hob sie die Hand.

Melissa und Iris bestanden jedoch darauf, ihr wie jeden Tag zum Abschied noch ein Küsschen auf die Wange zu hauchen. Sofie hasste dieses Ritual. Sie fand die Küsse albern und verlogen, hatte jedoch nie den Mut, sich dagegen aufzulehnen. Wie eine Heuchlerin kam sie sich auch heute wieder vor, als sie die Küsse erwiderte.

Monika Hartig

Sagen Kleidung und Frisur etwas über einen Menschen aus?

Was würdest du Sofie raten? Wie würdest du dich an ihrer Stelle verhalten?

Herr der Diebe

Eine Wasserratte huschte erschrocken davon, als die Kinder sich den engen Gang hinuntertasteten. Der Weg führte zu einem Kanal, aber Wespe, Prosper und Bo folgten ihm nur bis zu einer Metalltür in der fensterlosen Mauer. Mit ungelenken Buchstaben hatte jemand vietato l'ingresso darauf gepinselt, Betreten verboten. Früher war dies einer der Notausgänge des Kinos gewesen, jetzt verbarg sich hinter der Tür ein Versteck, von dem nur sechs Kinder etwas wussten. Prosper zog zweimal kräftig an der Schnur, die neben der Tür baumelte, wartete einen Moment und zog dann noch einmal. Das war ihr Zeichen, aber es dauerte, bis jemand öffnete. Bo trat schon ungeduldig von einem Fuß auf den anderen, als sie endlich hörten, wie der Riegel zurückgeschoben wurde. Nur einen schmalen Spalt breit öffnete sich die Tür. „Parole?“, fragte eine misstrauische Stimme. „Komm, Riccio, du weißt doch, dass wir uns die nie merken können!“, raunte Prosper ärgerlich.

Und Wespe trat auf den Spalt zu und zischte hinein: „Siehst du die Tüten in meiner Hand, Igelchen? Die habe ich vom Rialtomarkt bis hierher geschleppt. Meine Arme sind bald lang wie Affenarme, also mach endlich auf!“

„Ja, ja, schon gut. Aber wehe, Bo verpetzt mich wieder bei Scipio, wie letztes Mal!“ Mit besorgtem Gesicht öffnete Riccio die Tür. Mager war er und einen ganzen Kopf kleiner als Prosper, obwohl er nicht viel jünger war. Zumindest behauptete Riccio das. Sein braunes Haar stand ihm so struppig vom Kopf ab, dass es ihm seinen Spitznamen eingebracht hatte: Riccio – der Igel.

„Wir haben schon mit dem Aufräumen angefangen“, erzählte Riccio, als er ihnen mit der Taschenlampe den dunklen Flur entlangleuchtete. „Aber sehr weit sind wir noch nicht gekommen. Mosca will immer nur an seinem Radio rumbasteln. Und bis vor einer Stunde haben wir vor dem Palazzo Pisani herumgestanden.

Werkstatt 181

Warum Scipio sich ausgerechnet den Palast für seinen nächsten Raubzug ausgesucht hat, ist mir ein Rätsel. Fast jeden Abend ist dort irgendetwas los, Feste, Empfänge, ich glaub, alle vornehmen Familien der Stadt geben sich da die Klinke in die Hand. Wie will Scipio da jemals unbeobachtet reinkommen?“
Prosper zuckte nur die Achseln. Ihn und Bo hatte der Herr der Diebe bisher noch nicht zum Kundschaften geschickt, obwohl Bo Scipio ständig darum anbettelte. Meistens zogen Riccio und Mosca los, wenn es um das Beobachten der Paläste ging, denen Scipio einen nächtlichen Besuch abstatten wollte. Seine Augen nannte er die zwei, während Wespe dafür zuständig war, dass das Geld vom Verkauf seiner Beute nicht zu schnell ausgegeben wurde. Prosper und Bo, als neueste Schützlinge des Herrn der Diebe, hatten bisher höchstens mitkommen dürfen, wenn die Beute verkauft wurde oder Einkäufe erledigt werden mussten, so wie heute.
Prosper war das nur recht.
Aber Bo wäre zu gern mit Scipio in die vornehmen Häuser der Stadt geschlichen, um all die wunderbaren Dinge zu stehlen, die der Herr der Diebe von seinen Beutezügen mitbrachte.
„Scipio kommt überall rein“, verkündete Bo, während er neben Riccio herhüpfte. Zwei Sprünge auf dem linken Fuß, zwei Hüpfer auf dem rechten – Bo bewegte sich selten vorwärts, ohne zu hüpfen oder zu rennen.
„Er hat was aus dem Dogenpalast gestohlen, und keiner hat ihn erwischt. Weil er eben der Herr der Diebe ist.“ – „Ja, der Einbruch in den Dogenpalast. Wie könnten wir den vergessen!“ Wespe warf Prosper einen spöttischen Blick zu. „Selbst ihr habt die Geschichte doch bestimmt schon hundertmal zu hören bekommen, oder?“
Prosper grinste nur.
„Also, ich könnte sie mir tausendmal anhören“, meinte Riccio.

Cornelia Funke

Was denkst du über Wespe, Riccio und Scipio?

Mann und Frau im Essigkrug

Es war einmal ein Mann und eine Frau, die hatten lange, lange miteinander in einem Essigkruge gewohnt. Am Ende sind sie's überdrüssig geworden, und der Mann hat zu der Frau gesagt: „Du bist schuld daran, dass wir in dem sauern Essigkrug leben müssen, wären wir nur nicht da!"

Die Frau hat aber gesagt: „Nein, du bist schuld daran."

Und da haben sie angefangen miteinander zu kippeln und zu zanken, und ist eins dem andern in dem Essigkrug nachgelaufen.

Da ist gerade ein goldiges Vöglein an den Essigkrug gekommen, dies hat gesagt:

„Was habt ihr denn nur so miteinander?"

„Ei", hat die Frau gesagt, wir sind's Essigkrügel überdrüssig und möchten auch einmal wohnen wie andere Leute, hernach wollen wir gern zufrieden sein." Da hat sie das goldene Vögelein aus dem Essigkrug herausgelassen, hat sie an ein neues Häuschen geführt, wo hinten ein zierliches Gärtchen gewesen ist, und hat zu ihnen gesagt:

„Dies ist jetzt euer! Lebt jetzt einig und zufrieden untereinander, und wenn ihr mich braucht, so dürft ihr nur dreimal in die Hände klatschen und rufen:

‚Goldvögelein im Sonnenstrahl!
Goldvögelein im Demantsaal!
Goldvögelein überall!'

So bin ich da."

Damit flog das Goldvögelein fort, und der Mann und die Frau waren froh, dass sie nicht mehr in dem sauern Essigkrug wohnten, und freuten sich über ihr nettes Häuschen und grünes Gärtchen.

Das dauerte aber nur eine Weile, denn wie sie nun ein paar Wochen in dem Häuschen gewohnt hatten und in der Nachbarschaft herumgekommen waren, da hatten sie die großen stattlichen Bauernhöfe gesehen, mit großen Stallungen, Gärten, Äckern, vielem Gesinde und Vieh. Und da hat es ihnen schon wieder nicht mehr gefallen in ihrem winzigen Häuschen und sind's ganz überdrüssig geworden, und an einem schönen Morgen haben sie alle zwei fast zu gleicher Zeit in die Hände geklatscht und haben gerufen:

„Goldvögelein im Sonnenstrahl!
Goldvögelein im Demantsaal!
Goldvögelein überall!"

Witsch, da ist das goldige Vöglein zum Fenster hereingeflogen gekommen und hat sie gefragt, was sie denn schon wieder wollten?

„Ach", haben sie gesagt, „das Häuslein ist doch gar zu klein, wenn wir nur auch so einen großen prächtigen Bauernhof hätten, hernach wollten wir zufrieden sein."

Das goldige Vöglein blinzelte ein wenig mit seinen Guckäugelein, sagte aber nichts und führte den Mann und die Frau an einen großen prächtigen Bauernhof, wo viele Äcker daran waren, und Stallungen mit Vieh und Knechten und Mägden und hat ihnen alles geschenkt.

Der Mann und die Frau sprangen deckenhoch und konnten sich vor Freuden gar nicht lassen. Und jetzt sind sie ein ganzes Jahr lang zufrieden und fröhlich gewesen, und haben sich gar nichts Besseres denken können. Aber länger hat's auch nicht gedauert, keinen Tag, denn weil sie jetzt manchmal in die Stadt gefahren sind, haben sie die schönen großen Häuser und die schöngeputzten Herren und Madamen sehen spazieren gehn, da haben sie gedacht: Ei, in der Stadt muss es aber herrlich sein, und da braucht man nicht viel zu tun und zu arbeiten; und die Frau hat sich gar nicht können satt sehen an dem Staat und dem Wohlleben und hat zu dem Mann gesagt: „Wir wollen auch in die Stadt, ruf du das goldige Vöglein! Wir sind nun schon lange genug auf dem Bauernhof."

Der Mann hat aber gesagt: „Frau, ruf du es!" – Endlich hat die Frau dreimal in die Hände geklatscht und hat gerufen:

„Goldvögelein im Sonnenstrahl!
Goldvögelein im Demantsaal!
Goldvögelein überall!"

Da ist das goldige Vöglein wieder zum Fenster hereingeflogen und hat gesagt: „Was wollet ihr nur von mir?"

„Ach", hat die Frau gesagt, „wir sind das Bauernleben müde, wir möchten auch gern Stadtleute sein und schöne Kleider haben und in so einem großen prächtigen Haus wohnen, hernach wollen wir zufrieden sein." Das goldne Vöglein hat wieder mit seinen Guckäugelein geblinzt, hat aber nichts gesagt und hat sie in das schönste Haus in der Stadt geführt, da war alles raritätisch aufgeputzt, und waren Schränke darin und Kommoden, da hingen und lagen Kleider drinnen nach der neuesten Mode. Jetzt haben der Mann und die Frau gemeint, es gibt auf der Welt nichts Besseres und Schöneres, und waren vor lauter Freude außer sich. Das hat aber leider wieder nicht lange gedauert, so hatten sie es wieder satt und sprachen zueinander:

Jetzt wollen wir noch König und Königin werden, hernach wollen wir aber einhalten." Und da haben sie wieder alle zwei miteinander in die Hände geklatscht und haben gerufen, was sie nur rufen konnten:

„Goldvögelein im Sonnenstrahl!
Goldvögelein im Demantsaal!
Goldvögelein überall!"

Da ist das goldne Vöglein wieder zum Fenster hereingeflogen und hat gefragt: „Was wollt ihr nur von mir?" Da haben sie beide geantwortet: „Wir möchten gern König und Königin sein." Da hat aber das Vöglein ganz schrecklich mit den Augen geblinzelt, hat alle Federchen gesträubt, hat mit den Flügeln geschlagen und hat gesagt: „Ihr wüsten Leute, wann werdet ihr denn einmal genug haben? Ich will euch auch noch zum König und zur Königin machen, aber dabei wird's doch nicht bleiben sollen, denn ihr habt nimmermehr genug!"

Jetzt sind sie nun König und Königin gewesen und haben übers ganze Land zu gebieten gehabt, haben sich einen großen Hofstaat gehalten, und ihre Minister und Hofleute haben müssen auf die Knie niederfallen, wenn sie eines von ihnen ansichtig wurden. Auch haben sie nach und nach alle Beamten im ganzen Land vor sich kommen lassen und ihnen vom Thron herab ihre strengsten Befehle erteilt. Und was es nur Teures und Prächtiges in aller Herren Ländern gab, das musste herbeigeschafft werden, dass ein Glanz und ein Reichtum sie umgab, der unbeschreiblich ist. Und doch sind sie jetzt noch nicht zufrieden gewesen und sagten immer: „Wir müssen noch etwas mehr werden!"

Da sprach die Frau: „Werden wir Kaiser und Kaiserin."

„Nein!", sagte der Mann. „Wir wollen Papst werden!"

„Hoho! Das ist alles nicht genug!", schrie die Frau in ihrem Eifer. „Wir wollen lieber Herrgott sein!"

Kaum aber hatte sie dies Wort ausgeredet, so ist ein mächtiger Sturmwind gekommen, und ein großer schwarzer Vogel mit funkelnden Augen, die wie Feuerräder rollten, ist zum Fenster hereingeflogen und hat gerufen, dass alles erzitterte: „Dass ihr versauern müsst im Essigkrug!"

Pautz, und da war alle Herrlichkeit zum Kuckuck, und da saßen sie alle beide, der Mann und die Frau, wieder in ihrem engen Essigkrug darin; da sitzen sie noch und können drinbleiben bis an den Jüngsten Tag.

Das ist eine Lehre für solche, die nie genug bekommen können.

Ludwig Bechstein

Erzähle das Märchen.

Das Schwein und die Eiche

Ein Schwein hatte sich unter einem Eichbaum den Wanst
voll Eicheln geschlagen. Danach wühlte es nur so
zum Zeitvertreib zwischen den Wurzeln.
„Du dummes Schwein!“, krächzte der Rabe hoch vom Ast.
„Wenn du die Wurzeln ruinierst, muss der Baum verdorren.“
„Ich brauche keinen Baum“, antwortete das Schwein.
„Ich kann ja nicht fliegen wie du.“
Ein dummer Mensch kennt nur dies eine Maß:
das eigene Wühlen, nur den eignen Fraß.

Nach Iwan Andrejewitsch Krylow, russischer Fabeldichter

Der Fuchs im Weingarten

Ein Fuchs kam vor einen dicht umzäunten Weingarten,
in den er nicht gelangen konnte. Endlich entdeckte er
eine Öffnung im Zaune, die aber zu eng für ihn war,
um durchzuschlüpfen.
Er fastete daher drei Tage lang, bis er magerer wurde
und in den Garten drang; hier aß er sich aber so voll,
dass er vor Beleibtheit nicht wieder durch die Öffnung
ins Freie kommen konnte.
Er fastete deshalb abermals drei Tage, bis er so mager
war wie zuvor und aus dem Garten entkam.
Außerhalb des Gartens rief er aber,
auf ihn zurückblickend: „Weinberg, Weinberg!
Wie köstlich bist du, wie köstlich
deine Frucht, wie herrlich alles, was du enthältst. –
Aber welchen Nutzen hatte ich von dir?“
Ebenso geht der Mensch nackt aus dieser Welt,
wie er in sie gekommen.

Deutsche Fabel

Vergleiche die Texte.

Wir sind Kinder einer Erde

Ich träume mir ein Land

Ich träume mir ein Land,
da wachsen tausend Bäume,
da gibt es Blumen, Wiesen, Sand
und keine engen Räume.
Und Nachbarn gibt's, die freundlich sind,
und alle haben Kinder,
genauso wild wie du und ich,
nicht mehr und auch nicht minder.

Ich träume mir ein Land,
da wachsen tausend Hecken,
da gibt es Felsen, Büsche, Strand
und kleine, dunkle Ecken.
Und Nachbarn gibt's, die lustig sind,
und alle feiern Feste,
genauso schön wie deins und meins,
und keines ist das beste.

Ich träume mir ein Land,
da wachsen tausend Bilder,
da gibt es Rot und Grün am Rand
und viele bunte Schilder.
Und Nachbarn gibt's, die langsam sind,
und alles dauert lange,
genauso wie bei dir und mir,
und keinem wird dort bange.

Erika Krause-Gebauer

Wie sieht dein Traumland aus? Beschreibe oder male es.

Wir sind Kinder einer Erde:
Kannst du dir vorstellen, wie es Kindern in anderen Ländern geht?

Werkstatt 168

Drei tanzende Figuren-Version B. Keith Haring, 1989

**Ein Kind spielt auf den tanzenden Figuren.
Was hätte wohl der Künstler dazu gesagt?
Informiere dich über Keith Haring.**

Jan kommt aus Deutschland

Jan kommt aus Deutschland und lebt seit sechs Jahren in Tansania, einem Land in Afrika. Als er mit seinen Eltern hierher kam, war er gerade ein Jahr alt. Er spricht Deutsch und Kiswahili, die Sprache der Leute hier. Vater sagt immer, dass er ihn darum beneidet, und manchmal muss Jan für ihn übersetzen.
An die große Hitze hat Jan sich schnell gewöhnt. Meistens läuft er barfuß und nur mit einer kurzen Hose bekleidet herum. Jan hat viele Freunde gefunden. Sein bester Freund ist Abedi, dessen Mutter zusammen mit ihren vier weiteren Kindern in Lushoto wohnt, wo sie ihre Shamba, das ist ein kleines Feld, bebaut und von seinen Erträgen lebt.
„Das gibt es häufig“, sagt Mama, „dass die Familien in Tansania so weit voneinander getrennt leben müssen.“ Abedi wohnt bei seinem Vater Juma, der als Gärtner bei Jans Eltern arbeitet. Manchmal geht Juma nach Lushoto, um seine Familie zu besuchen.
Die Kinder hier haben nicht viele Spielsachen und die, die man kaufen könnte, sind viel zu teuer. Die meisten Spielsachen stellen sich die Kinder oder deren Eltern selber her. So hat Juma seinem Sohn ein Fahrrad aus Holz gebaut, mit dem auch Jan fahren darf. Besonders stolz sind Jan und seine Freunde auf ihre selbst gebauten Autos aus Draht, die sie an langen Stangen vor sich herschieben. Dabei unterhalten sie sich über Autorennen.

Einmal hat Vater den Kindern eine „Duka", einen Kaufmannsladen, gebaut. Jan und seine Freunde haben gespielt, dass sie sich hier alles kaufen können, was sie sich wünschen: Schokolade und Kekse und Kaugummi und auch etwas zum Trinken. „Ach, war die Schokolade gut", hat Abedi gesagt und hat sich dabei die Lippen geleckt. „Und der Kaugummi erst", hat Aleksi gekichert und hat dabei gekaut. Sie haben an diesem Nachmittag viel gelacht. Es war so, als ob sie wirklich all das gegessen und getrunken hätten, was sie sich vorgestellt hatten.

„Du bist so wie wir", sagen Jans Freunde, „nur dass du weiß bist, und wir sind schwarz."

Jans Vater arbeitet für die deutsche Entwicklungshilfe. Manchmal nimmt er Jan mit auf die Dörfer, wo er mit den Bauern über ihre Probleme spricht und sie berät. Er hat ihnen gezeigt, wie man mit Hilfe von Ochsen den Boden pflügt.

Jan kann sich das nicht vorstellen, nicht mehr in Tansania zu sein. Ein paarmal ist er schon, im so genannten Heimaturlaub, in Deutschland gewesen. Das Einkaufen in Deutschland war immer sehr anstrengend. Jan hat gestaunt über all die vielen Spielsachen, und als er sich einmal etwas aussuchen durfte, wusste er im Laden plötzlich nicht mehr, was er schon immer haben wollte. „Jetzt sind wir wieder im Kaufrausch", haben Jans Eltern gesagt und dabei gelacht.

In Deutschland war es meistens kälter als in Tansania. Im ersten Heimaturlaub hat Jan sich mit Händen und Füßen geweigert, Schuhe, Socken, lange Hosen und Pullover anzuziehen. Damals war Jan viel kleiner. Jetzt macht ihm das nicht mehr so viel aus. Aber trotzdem kann er sich nicht vorstellen, für immer nach Deutschland zurückzugehen.

„Wenn Papas Vertrag beendet ist, müssen wir nach Deutschland zurück", hat Mama gesagt, „dann gehst du auf eine deutsche Schule."

„Aber ich gehe hier gerne in die Schule", hat er gemeint.

„Ja", hat sie gesagt, „aber auf Dauer ist es besser, wenn du auf Deutsch unterrichtet wirst. Je länger du hier zur Schule gehst, desto schwerer wird es später für dich sein, in Deutschland zur Schule zu gehen."

„Aber ich will nicht nach Deutschland!", hat er da gebrüllt und ist hinausgerannt. Seine Mutter ist ganz traurig geworden und am Abend hat sie sich noch an sein Bett gesetzt und hat mit ihm darüber gesprochen.

„Weißt du", hat sie gesagt, „wir können nicht für immer hierbleiben. Unsere Arbeit hier geht in einem Jahr zu Ende und dann müssen wir wieder zurück. Aber wir können ja später in den Ferien nach Tansania kommen und unsere Freunde besuchen."

„Ist ein Jahr eine kurze oder eine lange Zeit?", hat Jan gefragt.

„In einem Jahr können wir noch viel erleben", hat sie zu ihm gesagt.

In diesem Jahr ist Mama Abedi mit allen ihren Kindern für drei Monate nach Tanga gezogen.

Jan hat oft bei ihnen zu Mittag gegessen. Jan und Abedi haben häufiger Vater auf die Dörfer begleitet und Jan hat abends mit den Männern am Feuer gesessen und ihren alten Geschichten zugehört.

Werkstatt 181

Jetzt ist Jan seit drei Monaten wieder zurück in Deutschland. Er geht auf eine deutsche Schule und hat auch neue Freunde gefunden. Immer noch denkt und träumt er manchmal auf Kiswahili. Nächstes Jahr will er mit seinen Eltern Ferien in Tansania machen. Dann wird er wieder durch den Garten toben, Tiere in den Wildparks beobachten und Abedi von Deutschland erzählen. Nur eines macht ihm Kummer. Als er noch in Tanga war, hat er Abedi versprochen, ihn nach Deutschland einmal einzuladen. Aber die Leute hier sagen, es gäbe zu viele Ausländer, und diese sollten lieber zu Hause bleiben. Vor einer Woche hat jemand mit schwarzer Farbe „Ausländer raus" auf die Schulhofmauer geschrieben. Und neulich ist ein Afrikaner von Jugendlichen irgendwo in Deutschland aus einer Straßenbahn geworfen und getötet worden. Und das nur, weil er schwarz war wie Abedi, sein Freund. In Jans neuer Klasse gibt es viele türkische Kinder und einen Jungen aus Kenia. „Mit Türken spiele ich nicht", hat neulich eines der deutschen Kinder gesagt. Da ist Jan wütend geworden. „Das ist doch egal, ob einer Türke ist oder Deutscher. Ich kann mich doch trotzdem gut mit ihm verstehen", hat er ihm gesagt. Der Junge aus Kenia heißt Paul und ist in Deutschland geboren und spricht so gut Deutsch wie die anderen Kinder. Er ist ganz anders als Abedi, mehr wie ein Deutscher. Jan hat sich mit ihm angefreundet. Einmal hat ein älterer Mann Paul auf dem Schulweg wegen seiner dunklen Haut angemacht. Paul ist traurig geworden und er wollte schnell weitergehen. Jan hat an Abedi gedacht und daran, dass er ihn nur einmal so richtig traurig gesehen hat. Das war auf dem Flughafen, bevor er, Jan, nach Deutschland geflogen ist. Und Jan ist wütend geworden auf den Mann, der immer noch auf Paul einschimpfte. „Komm", hat er zu Paul gesagt und hat ihm seinen Arm um die Schultern gelegt, „wir brauchen ihn nicht anzuhören!" „Was soll ich Abedi nur schreiben?", hat Jan am Abend zu seiner Mutter gesagt. „Er wird das nicht verstehen, warum ihn die Leute hier nicht mögen!"

Nasrin Siege

An welchen Stellen im Text erlebt Paul selbst Feindseligkeit?

Was ich mir so denke

Man fühlt sich fremd,
wenn man sich nicht kennt.
Anders sein
heißt oft alleine sein.
Anders sein ist fremd fühlen.
Fremd fühlen ist anders sein.
Wer ist anders?
Nur Dicke, Ungeschickte, Behinderte?
Oder Alte, Junge, Große, Kleine,
Mädchen, Jungen, Schlaue,
Dumme, Reiche, Arme, Kranke,
Gesunde, Schwarze, Weiße?
Jeder ist anders!
Wer fühlt sich fremd?
Nur Ausländer?
Oder jeder, der allein im Urlaub ist,
jeder, der sich umzieht,
jeder, der in eine neue Klasse kommt?
Jeder fühlt sich woanders fremd!
Das ist fremd fühlen und anders sein.

Britta Engbring

Alle Menschen sind Ausländer,
fast überall.

In welchen Situationen fühlst du dich fremd?

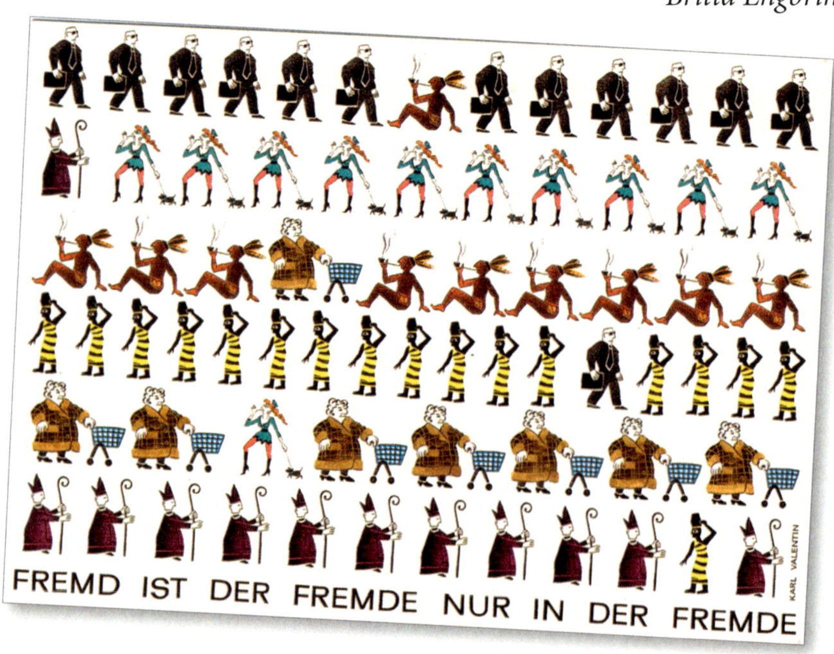

Die Rechte des Kindes

1 Das Recht auf Gleichheit, unabhängig von Rasse, Religion, Herkommen und Geschlecht
2 Das Recht auf eine gesunde geistige und körperliche Entwicklung
3 Das Recht auf einen Namen und eine Staatsangehörigkeit
4 Das Recht auf ausreichende Ernährung, auf Wohnung und ärztliche Betreuung
5 Das Recht behinderter Kinder auf eine besondere Betreuung
6 Das Recht auf Liebe, Verständnis und Fürsorge
7 Das Recht auf kostenlosen Unterricht, auf Spiel und Erholung
8 Das Recht auf sofortige Hilfe bei Katastrophen und Notlagen
9 Das Recht auf Schutz vor Grausamkeit, Vernachlässigung und Ausnutzung
10 Das Recht auf Schutz vor Verfolgung und auf eine Erziehung im Geiste weltumfassender Schwester- und Brüderlichkeit

Die Erklärung der zehn Rechte der Kinder wurde 1959 von der UNO verfasst.

UNO ist die Abkürzung für die englischen Worte „United Nations Organization". Die deutsche Übersetzung heißt „Organisation der Vereinten Nationen".
In der UNO haben sich die meisten Länder der Erde zusammengeschlossen, um gemeinsam Themen zu besprechen, die alle angehen.
Der Hauptsitz der UNO ist die Stadt New York in Nordamerika.
Die Länder der UNO haben im Jahr 1989 die Rechte der Kinder in einem Vertrag beschlossen, der heute 54 Punkte umfasst. Seitdem haben weit über hundert Länder der Erde diesen Vertrag unterschrieben und sich damit verpflichtet, die Rechte der Kinder in den Gesetzen ihres Landes zu berücksichtigen.

Glaubst du, dass diese Rechte für alle Kinder in Deutschland eingehalten werden?

Werkstatt 172

Glückliche Kinder?

Wie Kinder aufwachsen, darin gibt es auf der Erde große Unterschiede.
Die Vereinbarung der Vereinten Nationen über die Rechte des Kindes geht von dem Wunsch aus, Kinder zu schützen, sich für ihr Wohl einzusetzen und die Würde der Kinder zu achten.
Vielleicht könnte man es auch so sagen:
Alle Menschen möchten in einer Welt leben, in der alle Kinder gesund und friedlich aufwachsen können.

Aber wir wissen nicht, ob Kinder anderswo – in Nordamerika, Südamerika, Asien, Australien, Afrika oder bei uns in Europa – glücklicher oder unglücklicher sind.

Während du dich beim Spielen und auf dem Schulweg dauernd vor den Autos in Acht nehmen musst, können Kinder anderswo auf der Straße Fußball spielen.

Während du in der Schule sitzt, arbeiten Kinder anderswo zehn bis vierzehn Stunden am Tag.

Während dir die Schule vielleicht manchmal Bauch- und Kopfweh verursacht, stehen Kinder anderswo vor den Fenstern der Schule, um auch etwas vom Unterricht mitzubekommen.

Während du dir einen Hamburger kaufst, sind Kinder anderswo krank oder sterben, weil sie einfach gar nichts mehr zu essen haben.

Während du in der Disko tanzt, tanzen, trommeln und singen Kinder anderswo bei Festen oft tage- und nächtelang zusammen mit den Erwachsenen.

Während du über die grauen Regentage schimpfst, warten anderswo Kinder seit Jahren auf den Regen. Wieder anderswo müssen sie sich vor den jährlich wiederkehrenden Fluten retten, die ihre Häuser, die Felder und Ställe mitzureißen drohen.

Bist du schon einmal einem Fuchs begegnet? Würdest du den Gesang der Amsel oder der Nachtigall erkennen, wenn du ihn hörtest? Anderswo kennen Kinder jedes Bellen, Heulen, Knurren und Pfeifen. Sie wissen auch, ob ein Tier in ihrer Nähe gefährlich ist oder gar nicht und wie sie sich schützen müssen.

Du pflückst auf einer Wiese einen Blumenstrauß. Anderswo könnten dir die Kinder genau sagen, welche von den Pflanzen man essen kann und welche giftig sind.

Du kennst dich bestens mit dem neuesten Computerspiel aus? Anderswo spielen die Kinder Spiele nach uralten Regeln.

Wie du siehst – und dir fallen bestimmt noch mehr Beispiele ein –, gibt es überall Angenehmes und Unangenehmes, Dinge und Zustände, die Glück und Zufriedenheit, und andere, die Angst oder Schrecken bedeuten.

Und dann gibt es auch noch Dinge, die wir hier ganz einfach nicht verstehen.
Wenn ein Junge in deiner Klasse einen Turban trägt oder ein Mädchen ein Kopftuch, dann fällt das auf.
Gingest du bei ihnen zu Hause in die Schule und trügest keinen Turban oder kein Kopftuch, würdest du auffallen.
Aber weißt du, warum sie diese Kopfbedeckungen tragen?
Weißt du, warum es Kinder gibt, die zum Beispiel kein Schweinefleisch essen?
Weißt du, welche Feste anderswo gefeiert werden, auf die sich die Kinder so freuen wie wir hier auf Weihnachten?

Jedes Kind hat ein Recht, so zu leben, die Kleider zu tragen, die Feste zu feiern, die Dinge zu essen, die in seiner Familie, seinem Land, seiner Religion Brauch sind.
Und jedes Kind hat dieses Recht, ob es in seinem Heimatland lebt oder in der Fremde.

Elisabeth Stöckli / Robert Ingpen

Lies den letzten Abschnitt nochmals genau. Was denkst du?

Die Geschichte des weisen Nathan

Vor langer Zeit befreundeten sich in Jerusalem zwei Männer, die so verschieden voneinander waren, dass sich jedermann wunderte, der davon hörte.
Der eine war Saladin, der Sultan von Babylon, der andere Nathan, ein frommer Jude.
Saladin war im Volk berühmt für seine Tapferkeit, mit der er seine Feinde besiegte.
Von Nathan aber erzählten sich die Leute, dass er unermesslich reich sei.
Das kam so:
Der verschwenderische Sultan war eines Tages in Geldnot geraten.
Seine Schatzkammern waren leer.
Ungeduldig erwartete er eine große Summe Geldes aus Ägypten.
Doch die Karawane, die ihm es hätte bringen sollen, war anscheinend in einem Wüstensturm umgekommen oder von Räubern überfallen worden.
In seiner Not wusste sich Saladin nicht mehr anders zu helfen, als einen Mann um Hilfe zu bitten, den er nur vom Hörensagen kannte: Nathan.
„Nathan wird mir das Geld zu Wucherzinsen leihen“, dachte er. „Das will ich zu verhindern suchen.“
Für den Sultan wäre es zwar einfach gewesen, Nathan mit Gewalt zu zwingen, das nötige Geld herauszurücken.
Doch zunächst wollte er wenigstens nach außen hin den Anstand wahren und es auf andere Art versuchen.
Er ließ Nathan zu sich rufen und empfing ihn freundlich mit allen Ehren.
„Mein Freund“, sagte er zu ihm, ich habe schon von vielen gehört, du seiest nicht nur fromm, sondern auch bewandert in göttlichen Dingen. In unserem Land bekämpfen sich drei Religionen, von denen sich jede als die beste ausgibt. Nun möchte ich gern von dir erfahren, welche du von den dreien für die wahre und richtige Religion hältst, die jüdische, die muslimische oder die christliche?“
Nathan, der nicht nur reich, sondern auch weise war, ahnte, dass ihm Saladin mit dieser Frage eine Falle stellen wollte.
Welches von den drei verschiedenen religiösen Gesetzen er auch an die erste Stelle setzte, der Sultan würde ihm einen Strick daraus drehen.
Sage ich, die jüdische Religion, unterstellt mir der Sultan, dass ich mich gegen seinen Glauben wende.

Sage ich, deine Religion, Sultan, wird er mich fragen, warum ich nicht am jüdischen Glauben festhalte.

Nathan überlegte einen Augenblick, dann sprach er: „Mein Herr und Gebieter, die Frage, die du mir vorlegst, ist gut und tiefsinnig. Wenn ich meine Meinung dazu sagen soll, lass mich dir an Stelle einer Antwort eine Geschichte erzählen:

Vor Jahren lebte im fernen Orient ein wohlhabender Mann. Unter seinen vielen Schätzen hütete er auch einen Ring von unschätzbarem Wert: Ein Diamant spiegelte das Licht in tausend Farben. Und wer ihn betrachtete, vermochte die Augen kaum mehr abzuwenden. Doch was den Ring noch wertvoller machte, war seine besondere Gabe, die er demjenigen schenkte, der den Ring am Finger trug: die Gabe, seinen Nächsten zu lieben wie sich selbst. Wie sein Vater und alle seine Vorfahren würde auch dieser Mann den Ring einmal demjenigen seiner Kinder vererben, das ihm am liebsten war. Der Mann besaß drei Söhne. Sie bereiteten ihm viel Freude, waren liebenswert und klug, jeder auf seine Art. Doch der Vater liebte alle gleichermaßen. Welchem nun sollte er den Ring vererben? Je mehr die Jahre vergingen, umso schwerer fiel ihm die Wahl. In vertraulichen Gesprächen versuchte jeder der Söhne, den Vater zu überzeugen, dass nur er würdig sei, den Ring zu besitzen und als Oberhaupt der Familie an die Stelle des Vaters zu treten. So versprach der Mann den Ring an einem Tag seinem Ältesten, am anderen Tag seinem Jüngsten und am dritten Tag dem Zweitgeborenen. Zuletzt ließ er endlich einen Goldschmied rufen und gab ihm den Auftrag, zwei weitere Ringe zu schaffen, und keine Mühe zu scheuen, sie dem Muster gleichzumachen. Als der Künstler die Arbeit vollendet hatte, konnte sogar der Vater das Original nicht mehr von den Kopien unterscheiden. Auf dem Sterbebett ließ der Vater zum letzten Mal seine drei Söhne zu sich rufen, segnete sie und gab jedem einen Ring. Kaum war der Vater begraben, brüstete sich der Älteste, im Besitz des Ringes zu sein. Doch er staunte nicht wenig, als die beiden Jüngeren mit einem gleichen Schmuckstück prahlten. Sie fingen an zu streiten und sich zu beschimpfen. Sie ließen die Ringe untersuchen und von allen Seiten prüfen.

Es war umsonst. Jeder Ring blieb gleich viel Wert wie der andere.

Auch der Richter vermochte nicht zu entscheiden, welcher der drei Söhne nun der wahre Erbe sei.

Nach langem Nachdenken, und jeder im festen Glauben, dass der Vater sie alle gleich geliebt und auserwählt hatte, schlossen sie Frieden und bemühten sich fortan, jeder auf seine Art, ihren Nächsten zu lieben wie sich selbst – dem Vater zum Wohlgefallen.“

Als Nathan die Geschichte zu Ende erzählt hatte, blieb es einen Augenblick still.

„Verzeih“, sagte Nathan endlich, „ da auch ich mich nicht getraue, die drei Ringe zu unterscheiden. So ist auch nicht zu beweisen, welche von den drei Religionen die einzig wahre ist.

Lass sie uns als Geschenke des Vaters alle gleichermaßen achten.“

„Lieber Nathan, deine Geschichte bewegt mich“, sagte der Sultan. „Sei von nun an mein Freund!“

Über der Geschichte hatte Saladin ganz vergessen, warum er Nathan hatte zu sich rufen lassen.

„Hattest du nicht noch ein anderes Anliegen?“, gab ihm Nathan plötzlich zu bedenken. „Nein“, sagte der Sultan.

„Ach“, sagte Nathan darauf, „ich bin kürzlich erfolgreich von einer Reise zurückgekommen und habe viel bares Geld im Hause. Wenn du's brauchen kannst, würde ich dir damit gerne helfen.“

Saladin nahm das Angebot dankbar an und gestand seinem Besucher, dass es im Grunde jenes war, was er zuerst von ihm gewollt und es sich notfalls auch mit Gewalt zu holen gedacht hatte.

Bald darauf konnte der Sultan das ihm von Nathan geliehene Geld wieder zurückgeben. Dabei überhäufte er ihn mit Kostbarkeiten und verlieh ihm Ehre und Ansehen im ganzen Land.

Max Bollinger / Michaela Sangl

Hättest du genauso entschieden wie der Vater in der Geschichte? Begründe deine Meinung.

Schule gibt es überall

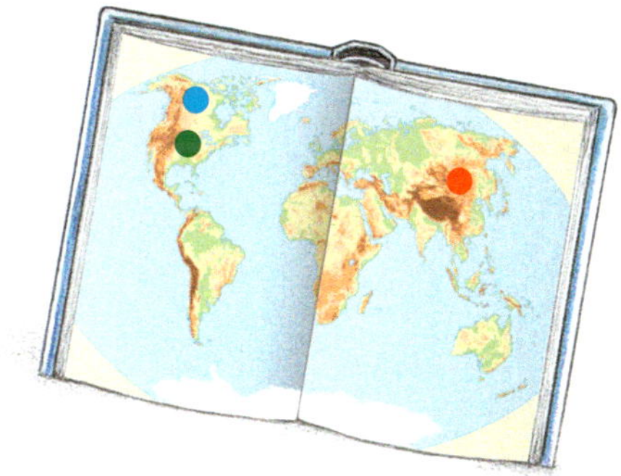

• Margoth aus Ecuador

Der Unterricht in unserer Schule fängt morgens um halb acht Uhr an, aber ich muss schon um fünf Uhr aufstehen, weil ich vorher die Hühner, Meerschweinchen und Ziegen füttere. Ungefähr eine Stunde brauche ich in die Schule. Unsere Eltern haben die Schule selbst gebaut, vor zehn Jahren. Groß ist unsere Schule nicht. Sie hat nur zwei Räume. In einem sitzen wir, 25 Schüler. Wir alle haben nur einen Lehrer, der wohnt im zweiten Raum neben unserer Klasse. Wir haben jeden Tag Unterricht in vielen Fächern: Mathematik, Naturkunde, Sozialkunde, Spanisch, Kichwa (Sprache der Indianer), Sport, Landwirtschaft. Die Schule dauert sieben Jahre. Jeden Tag kommt eine von unseren Müttern und kocht über dem offenen Feuer für uns. Meist essen wir in der Pause Gerstenbrei mit Zucker. Dann halten wir besser bis um ein Uhr durch, bis die Schule vorbei ist.

• Elizabeth aus den USA

Meine Schule ist in zwei Stockwerken eines großen Gebäudes untergebracht. Ich habe Klassenkameraden aus Kuba, Tschechien und den Philippinen.
Wir sind 34 Kinder in der Klasse. Die Lehrer kümmern sich um jeden Einzelnen, und die Eltern arbeiten und bestimmen in der Schule viel mit. Die meiste Zeit haben wir „Kernfächer", das sind Englisch, Lesen, Schreiben, Geschichte und Geographie, außerdem Mathematik, Naturwissenschaften, Sport und Spanisch. Die Schule beginnt um 8.30 Uhr mit einem Morgenkreis und endet um 15.15 Uhr. Wir bekommen Mittagessen in der Schule. Im Moment mag ich das Fach Naturwissenschaften am liebsten.

Welche Unterschiede findest du zu deiner Schule?

• Lin Shiyun aus China

Ich gehe in ein Internat, das heißt, ich wohne in der Schule. Dass wir nur fünf Kinder in der Klasse sind, gefällt mir nicht so gut, denn ich bin das einzige Mädchen. Um 6.40 Uhr machen wir jeden Tag Morgengymnastik. Unterricht haben wir von 8.00 Uhr bis 17.20 Uhr, dazu Stillarbeit von 7.10 – 7.30 Uhr und von 18.50 – 20.20 Uhr. Wir haben Unterricht in Mathematik, Englisch, Chinesisch, Musik, Kunst, Sport, Naturkunde und Ethik.

Lufffftpumpe

Ist mein Fahrradreifen platt,
und ich hab das Schieben satt,
hol ich meine Luf-f-f-ftpumpe,
Luf-f-f-ftpumpe, Luf-f-f-ftpumpe,
hol ich meine, Luf-f-f-ftpumpe,
Luf-f-f-ftpumpe, Luf-f-f-ftpumpe.

Und bevor ich lieber lauf,
pump ich meinen Reifen auf
stets mit meiner Luf-f-f-ftpumpe,
Luf-f-f-ftpumpe, Luf-f-f-ftpumpe,
stets mit meiner Luf-f-f-ftpumpe,
Luf-f-f-ftpumpe, Luf-f-f-ftpumpe.

Ist mein Fahrrad wieder fit,
und die Reifen rollen mit,
dank ich meiner Luf-f-f-ftpumpe,
Luf-f-f-ftpumpe, Luf-f-f-ftpumpe,
dank ich meiner Luf-f-f-ftpumpe,
Luf-f-f-ftpumpe, Luf-f-f-ftpumpe.

Erwin Grosche

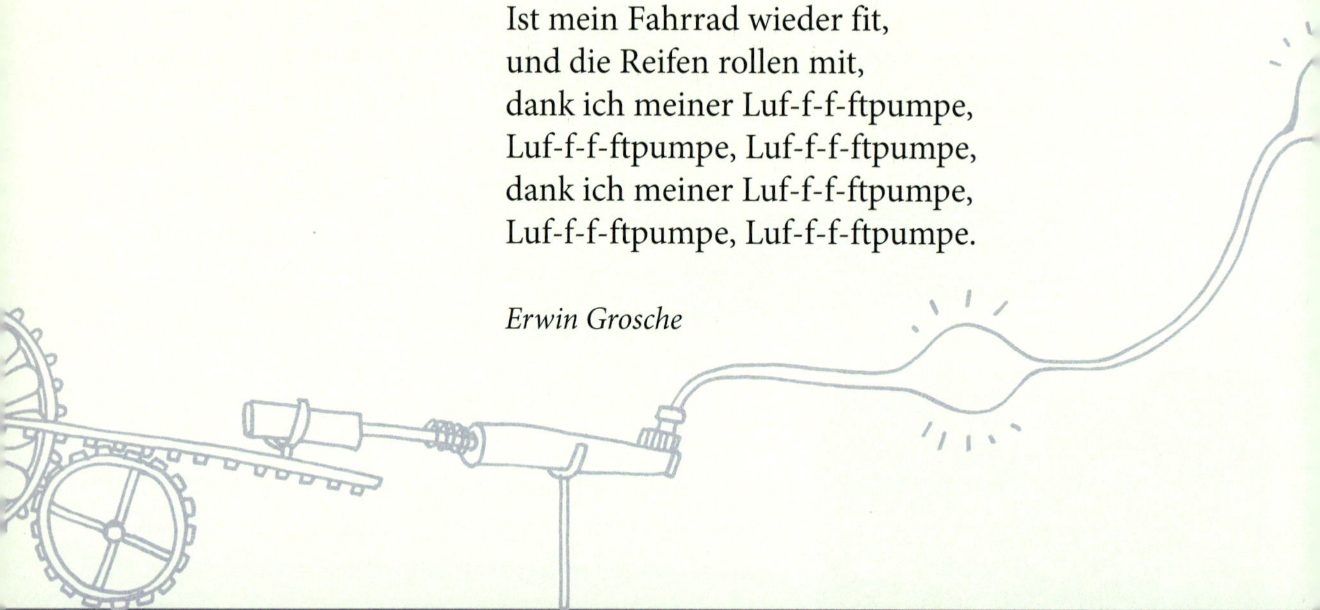

Trage das Gedicht so vor, dass man die Luftpumpe hört.

Rund ums Rad:
Du erfährst viel zum Thema Rad. Was ist neu für dich, was schon bekannt?

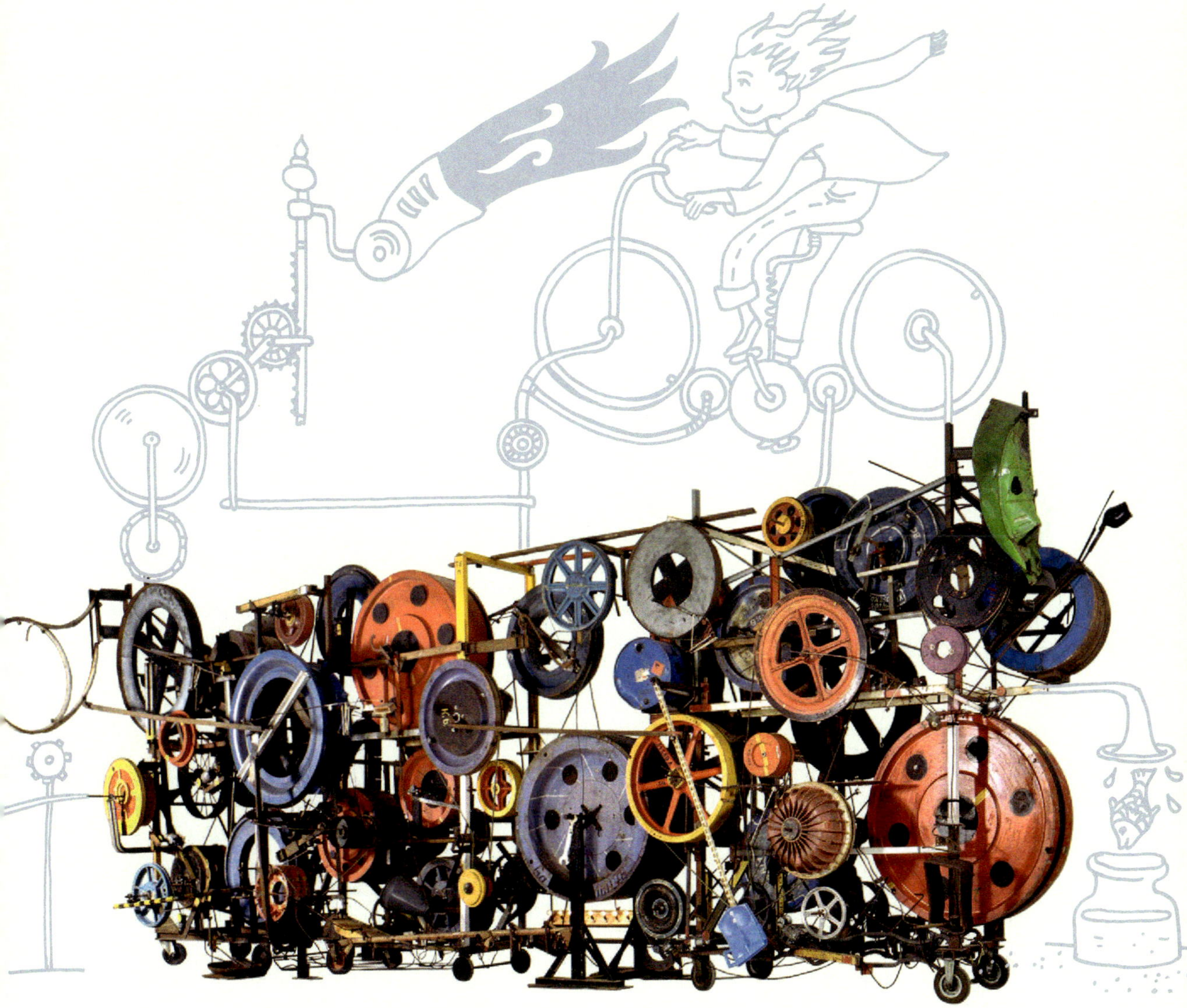

Fata-Morgana / Meta Harmonie IV. Jean Tinguely, 1985

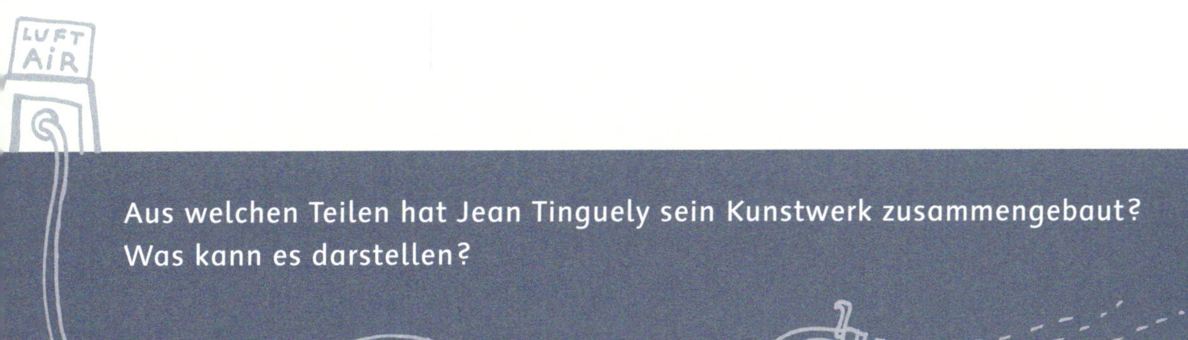

Aus welchen Teilen hat Jean Tinguely sein Kunstwerk zusammengebaut? Was kann es darstellen?

Rund ums Rad

Das Rad zählt zu den bedeutendsten Erfindungen der Menschen. Unter welchen Umständen es erfunden wurde, werden wir wahrscheinlich niemals genau erfahren. Allerdings wissen wir aus dem alten Mesopotamien, dass sich dort schon vor über 6000 Jahren hölzerne Scheibenräder an Lastkarren drehten.
Das Rad erleichterte den Menschen das Leben unsagbar. Lasten, die sie bislang mühsam hatten tragen oder hinter sich her schleifen müssen, rumpelten fortan auf Karren übers Land.
Im alten Ägypten tauchten die ersten hölzernen Speichenräder auf. Im Laufe der Zeit wurde das Rad dann ständig vervollkommnet.
Eiserne Reifen schützten die Holzfelge vor Verschleiß. Später wurde das Holz allmählich durch Metall ersetzt. Die Räder wurden leichter, während sie zunehmend stabiler wurden. Die Felgen wurden mit Gummi bezogen. Luftgefüllte Reifen schließlich verbesserten die Dämpfung. Kugellager an den Radachsen verringerten die Reibungskräfte, die Räder drehten sich immer leichter.
Aber bis heute hat sich das Rad in seinem Wesen kaum verändert: Es muss rund sein und sich um eine Achse im Mittelpunkt drehen, damit es seinen Zweck erfüllen kann.

Klaus Tödt

Mit der Erfindung des ersten Laufrads, auch „Draisine" genannt, 1817 durch Karl Freiherr von Drais, beginnt das Zeitalter der modernen Verkehrsmittel.

Nach 1860 baute man Pedale an Draisinen. Die Pedalfahrräder waren ungefedert und sehr unbequem. Man nannte sie „Knochenrüttler".

Bei den ersten Fahrrädern wurde das eine Rad direkt mit den Pedalen angetrieben. Je größer das Rad, desto leichter war das Treten. Auf ein Hochrad zu steigen war nicht einfach. Seit 1880 drehen die Pedale ein Zahnrad, das über eine Kette mit dem Hinterrad verbunden ist.

Wie sehen Fahrräder heute aus?
Was hat sich verändert,
was ist gleich geblieben?
Lies in den Texten.

Werkstatt 166

Radrekorde

Geschafft: Die Delfter Studenten beim Weltrekordversuch

Monatelang hatten sie getüftelt, gebaut und geschraubt, nun ist es vollbracht: Am Mittwochnachmittag sind Studenten der Technischen Universität Delft erfolgreich mit dem längsten Fahrrad der Welt gefahren. Zu zweit gelang es den beiden 22-Jährigen Teije Meier und Jan Bart Brink, das genau 28,10 m lange und 400 kg schwere Vehikel über eine Distanz von 100 Metern zu bewegen. Einer steuerte, einer strampelte – unter dem Jubel von Hunderten von Kommilitonen radelten sie durchs Ziel. *(Reuters)*

Didi Senft – Künstler, Erfinder und Designer

Im Jahr 2004 eröffnete Didi Senft im Storkower Ortsteil Neu-Boston ein Museum für besondere Fahrräder. Dort sind alle 17 Räder, mit denen er im Guinness-Buch steht, ausgestellt. Mit seinem selbst entworfenen Fußballfahrrad besuchte er die Fußball-EM in der Schweiz und Österreich.

Neuer Rekord bei der Erdumrundung auf dem Fahrrad aufgestellt

Der Schotte Mark Beaumont hat eine Erdumrundung über 30.000 Kilometer in der neuen Bestzeit von 195 Tagen zurückgelegt. Dies wurde von der britischen Nachrichtenagentur PA gemeldet. Der alte Weltrekord von 276 Tagen wurde deutlich unterboten. Er kam am vergangenen Freitag an seinem Ausgangspunkt in Paris an. In der Hauptstadt von Frankreich begann er am 5. August 2007, den Globus zu umrunden. Auf seiner gut sechsmonatigen Fahrt durchfuhr er 20 Länder und war unter anderem im Australien und den USA.

Ein Fahrradausflug mit Folgen

Wie jeden Sommer verbringen Jona und Joni mit ihren Eltern ihre Ferien an der See. Schon am ersten Urlaubstag haben sie sich mit Matthias, einem Jungen aus Köln, angefreundet.

Morgen ist Matthias' Geburtstag. Er will eine große Fete am Meer feiern, mit Picknick und einem Wettkampf im Drachensteigen. Auch Jona und Joni sind eingeladen und können es kaum noch erwarten.

Heute nach dem Mittagessen sollen Jona und Joni Matthias in den Nachbarort begleiten. Er darf sich dort als Geschenk seiner Eltern einen Lenkdrachen kaufen.

„Lasst uns aber den Radweg durch die Dünen nehmen", schlägt Joni vor. „Auf der Deichstraße ist immer so viel Verkehr."

Die Jungen sind sofort damit einverstanden. Matthias radelt an der Spitze, dahinter Jona. Joni bildet das Schlusslicht.

Sie haben gerade einen Aufgang zu einem der vielen Badestrände überquert, als Matthias sich umdreht und ihnen zuruft: „Wir müssen uns beeilen! Das Sportgeschäft schließt schon um 16 Uhr!"

Dann tritt er wie wild in die Pedale. Auch Jona und Joni beschleunigen das Tempo. Da es bergab geht, schaffen sie es mühelos, Matthias zu folgen.

Kurz vor einer Biegung schaut Matthias noch einmal zurück, um sich zu vergewissern, dass er die beiden auch nicht abgehängt hat.

Doch plötzlich beginnt Matthias' Rad zu schlingern. Im nächsten Augenblick wird er in die Luft geschleudert und schlägt dann mit voller Wucht gegen einen Pfahl des Schutzzauns, der die Urlauber am Betreten des Dünengebiets hindern soll. Matthias' Rad rast in einen Sanddornbusch. Jona und Joni können noch früh genug abbremsen.

Aber ihr Freund liegt regungslos da.

Jona rüttelt ihn vorsichtig an der Schulter und ruft: „Matthias, kannst du mich hören?" Keine Antwort.

Wie sie es gelernt hat, schaut Joni in Matthias' Mund: „Kein Blut oder Erbrochenes."

Dann kontrolliert sie, ob er noch atmet. Sie legt eine Hand auf Matthias' Brust, die andere auf seinen Bauch.

Gott sei Dank! Es sind deutliche Bewegungen zu spüren.

Jona hat in der Zwischenzeit den Puls am Handgelenk gefühlt und meint zu Joni: „Ein Glück! Der Puls ist in Ordnung. Aber er ist bewusstlos. Wir müssen ihn in die ‚stabile Seitenlage' bringen."

1

2

3

4

Nach kurzer Zeit haben sie es geschafft.
Nun haben sie aber noch ein Problem.
Wo sollen sie den Notruf aufgeben?
Da fällt Jona ein, dass sie gerade an einem Aufgang zum Badestrand vorbeigeradelt sind. Schon flitzt Joni mit dem Rad los.
Die letzte Strecke muss sie zu Fuß gehen, da der Weg mit feinem Sand bedeckt ist.
Ihr Blick fällt auf ein großes Schild mit der Aufschrift „Strandmöwe“.
Joni eilt zum Kiosk, in dem eine Frau gerade Pommes in kleine Papiertüten füllt.
Sie drängt sich durch die Urlauber hindurch, stellt sich auf die Zehenspitzen und lehnt sich zum Fenster hinein.
„Könnte ich bei Ihnen telefonieren?
Mein Freund ist mit dem Rad verunglückt“, keucht Joni.
„Selbstverständlich. Kannst du das denn allein?“, will die Frau wissen.
Als Joni nickt, zeigt sie ihr das Telefon.
Mit einem Ohr lauscht sie jedoch, um notfalls eingreifen zu können. Sie hört Joni ihren Namen nennen und dann:
„Ich rufe vom Strandpavillon ‚Strandmöwe‘ an. Mein Freund ist hier in der Nähe auf dem Dünenweg mit dem Rad verunglückt.
Er ist bewusstlos, atmet aber und hat Puls.
Mein Bruder ist jetzt bei ihm. – Wir haben ihn in die stabile Seitenlage gelegt. – Es ist links vom Aufgang. Wir sind von der Straße aus zu sehen. – Ja, alles o. k. – Danke!“
Die Frau ist beruhigt, während Joni noch schnell Matthias’ Eltern anruft.
Joni macht sich Sorgen, wie es Matthias und Jona geht. Sie weiß, dass Jona ängstlich auf sie und den Rettungswagen wartet, denn es gehört Mut dazu, mit einem Verletzten allein zu bleiben.
Als sie auf die Unfallstelle zufährt, sieht sie, dass Jona sich Matthias zuwendet und etwas zu ihm sagt.
Matthias liegt zwar noch in der stabilen Seitenlage, weil er starke Kopfschmerzen hat und ihm übel ist, aber er kann hören und sprechen.
„Matthias, deine Mutter und der Rettungswagen sind gleich hier“, verkündet ihm Joni glücklich. In diesem Augenblick biegt auch schon der Rettungswagen in den Dünenweg ein.
Und dann geht alles ganz schnell. Die Rettungssanitäter untersuchen Matthias, während seine Mutter seine Hand hält.
Und schon liegt Matthias auf einer Trage im Rettungswagen.
„Kinder, ihr wart sehr gute Ersthelfer.
Aber etwas Wichtiges habt ihr drei in der Urlaubsfreude vergessen“, sagt einer der Rettungssanitäter.
Bei den letzten Worten tippt er auf seinen Kopf. Natürlich wissen Jona und Joni sofort, was er meint. Sie haben die Fahrradhelme vergessen. Ja, ein Fahrradhelm hätte bestimmt Matthias’ Kopf geschützt.
Doch da werden sie von Matthias’ Mutter aus ihren trüben Gedanken gerissen:
„Danke, dass ihr meinem Jungen geholfen habt! Und die Geburtstagsfeier holen wir nach.“

Sieghild Sick / Ralf Sick

Könntest du richtig helfen? Übt in der Klasse erste Hilfe. Informiert euch über Möglichkeiten, einen Kurs zu machen, zum Beispiel in der Ausbildung zum Juniorhelfer.

Radpflege

Am besten regelmäßig, mindestens aber nach jeder Fahrt bei nassem Wetter oder auf schmutzigen Wegen, solltest du dein Fahrrad gründlich putzen. Nur so hält es lange und bleibt verkehrssicher.

- Befreie dein Fahrrad gründlich von Schmutz. Du kannst den Rahmen und die Felgen trocken mit einer alten Zahnbürste reinigen oder feucht mit einem Lappen und etwas Geschirrspülmittel.
- Trockne dein Fahrrad mit einem Lappen ab, wenn du es feucht gesäubert hast.
- Reinige die Kette und das Schaltwerk mit einem mit Fett versehenen Lappen von Schmierrückständen.
- Fette die Kette und das Schaltwerk. Radreiniger und Öl sparsam benutzen.
- Reinige die Vorderbremse und öle die beweglichen Teile.
- Reinige die Hinterbremse und öle die beweglichen Teile.
- Öle und kontrolliere die Baudenzüge der Schaltung und der Bremse
- Öle die Pedale an den beweglichen Stellen.
- Kontrolliere den Luftdruck (Mountainbikes ca. 3,5 bar / Rennräder ca. 6,5 bar).
- Kontrolliere Schaltung und Bremsen auf ihre Funktion.
- Kontrolliere den richtigen Sitz der Laufräder und des Mantels.
- Kontrolliere Katzenaugen, Licht, Klingel und die Höhe des Sattels.

Ist alles in Ordnung? Dann gute Fahrt.

Mei' Rad

Ich hab ä Fahrrad grichd,
ä rots Fahrrad
mit'm Rennlenker
und em Stopplicht.

Aba: Im Hof kann ich ned fahr.
Weche der Wäsch von der Schesdak
und weil's so schebbad,
wenn ich übers Kanalgidda flitz.

Auf der Straß dörf ich a ned.
Weche der Audos
und weche dem Wachmo,
weil ich no ned zwölf Jahr old bin.

Auf'm Gehweg drau ich mich ned.
Weche der Leud.
Die wern sonst grandich,
we ma üba die Zehe fährd.

Am Kirchblatz lasse mich die Alde a ned.
Weche der Taube.
Weil dort ham se Maiskörna gestreud
für die Viecher.

Doch jedn Dog
nach der Hausaufgab,
wenn mir langweilich is,
sächt mei Mudder:
Na, geh schö Rad fahrn, Buh!

Dass ich ned lach!

Nach Christine Nöstlinger
Text in unterfränkischer Mundart

Mei' Radl

I hab a Radl kriagt.
A rods Radl
mit am Rennlenka
und am Stoppliacht.

Bloß: Im Hof ko i net fahrn.
Wega da Wäsch vo da Schestak
und weis so schebert
wann i üban Gullideckl fahr.

Auf d'Straß deaf i net.
Wega de Autos
und wegam Wachtmoasta
wei i no koane zwöife bin.

Am Trottoar trau i mi net.
Wega de Leit.
De wean so narrisch,
wann ma eana neifahrt.

Am Platz lassn mi de Oidn net.
Wega de Taubn.
Weil da hams Moaskeandl gstraht
füa de Viecha.

Do jedn Tag,
nach da Hausaufgab,
wann mia fad is,
sagt d'Mama:
Geh weida, tua Radl fahrn, Bua!

Dass i net lach!

Nach Christine Nöstlinger
Text in oberbayerischer Mundart

Meine Familie

Ein Leben gibt viel Zeit

Zeit zum Schauen,
Zeit zum Staunen.
Zeit zum Denken und zum Tun.

Zeit zum Wachsen.
Zeit zum Freuen.
Zeit zum Danken und zum Ruh'n.

Zu viel Zeit?
Zu wenig Zeit?
Zeit für dich und mich?

Geburtszeit, Hochzeit, Trauerzeit.
Zeit zum Leben: Lebenszeit.
Zeit für uns gibt Zeit für dich.

Marianne Kreft

Womit verbringst du gerne deine Zeit?

Meine Familie:
Wer gehört zu deiner Familie?

Lebensbaum (Mittelteil).
Gustav Klimt, 1905-1909

Den Lebensbaum malte Gustav Klimt an die Wand eines Zimmers.
Das ist der Mittelteil. Eine Illustratorin hat daraus einen Stammbaum gemacht.
Wie würdest du weiterzeichnen?

Meine Familie

Manchmal frage ich mich, ob wir nicht ein bisschen kompliziert sind, meine Eltern und ich.

Komplizierter als Wengers zum Beispiel.

Wengers sind unsere Nachbarn.

Bruno Wenger geht mit mir zur Schule. Er ist mein Freund.

Wenn Bruno fragt, warum die Katzen ihre Haare verlieren und die Mäuse nicht, sagt sein Vater: Das ist einfach so. Damit meint er, dass er im Moment keine Zeit hat.

Brunos Familie, die Wengers, sind anders als wir.

Ich meine nicht, dass sie anders heißen oder anders aussehen oder einfach andere Möbel haben, andere Bücher, andere Pflanzen.

Eher ist es der Geruch in ihrem Korridor oder die Art, wie Frau Wenger mit der Post hereinkommt und sie ablegt, um die Jacke auszuziehen, oder wie sie nach dem Abwaschen ihre Hände mit Creme einschmiert.

Eigentlich weiß ich nicht, was es ist. Das heißt, ich weiß es schon, aber ich kann es nicht sagen. Es ist, als hätten sich die Wengers auf etwas verabredet, das sie keinem verraten. Manchmal bin ich mitten unter ihnen ziemlich verloren. Wie in einem Aquarium unter Südseefischen.

Für andere Leute sind auch wir andere Leute. Wir haben uns ein Leben angewöhnt, unser eigenes, das nur uns normal vorkommt.

Bei uns riecht es vermutlich auch irgendwie anders als anderswo.

Es ist schwer, sich das vorzustellen.

Mutter legt das Buch, in dem sie zwischendurch immer liest, mit den offenen Seiten nach unten auf den Tisch oder den Fenstersims oder die Gartenmauer, und sie wird wütend, wenn Anna es anrührt.

Aber sie legt das Buch weiterhin irgendwo ab, und Anna nimmt es weiterhin irgendwo weg, trägt es herum, blättert darin und tut so, als lese sie. Bei Wengers passiert das nicht.

Das ist nur ein Beispiel und vielleicht ein schlechtes.

Beim Nachtessen haben wir darüber geredet, über das Anderssein.

Über die Art, wie Vater die Nase putzt, wie Mutter einen lästigen Gedanken mit der Hand verscheucht, wie ich rascher zu reden anfange, wenn niemand mir zuhört, wie Anna dreinschaut, wenn sie klebrige Finger hat.

Wir wissen nur sehr wenig über unser eigenes Leben. Es ist leichter, über den Dampfkochtopf oder über die Wengers zu reden als über uns selber. Wir können unsere eigene Nase eben nicht riechen, hat Vater gesagt.

Wie wir sind, wenn wir anders sind, müssten andere eigentlich wissen, zum Beispiel gerade die Wengers.

Ich kann sie ja fragen. Aber ich fürchte, sie verstehen nicht, was ich meine. Auch da sind sie anders.

Und sie haben immer Senf auf dem Tisch, wir dagegen fast nie.

Jürg Schubiger

Enttäuscht

Die rechte Schublade in der Küche,
die über dem Schrank mit den Tassen
und Tellern, gehört mir.
Das ist meine Geheimschublade.
Alles, was ich besonders mag, kommt
da hinein.
Die darf nur ich öffnen, ich allein.
Und als Katja mit mir Streit hatte,
einen richtig schlimmen Streit,
hat sie reingeschaut.
Das hat sie sich getraut.
Sie hat nicht gefragt
und auch später kein Wort dazu gesagt.
Katja ist richtig gemein.
Jetzt ist sie nämlich nicht mehr geheim,
meine Geheimschublade.

Regina Schwarz

Was wäre in deinem Geheimfach?

Die verflixte Rechenaufgabe

Wir befinden uns im Wohnzimmer der Familie Redlich. Vater Redlich sitzt gemütlich in seinem Fernsehsessel und buchstabiert im milden Schein der Leselampe seine geliebte Zeitung. Mutter Redlich poliert ihren geliebten Gummibaum. Beider Sohn sitzt über seinen Schulbüchern und macht seine Hausaufgaben. Er versucht es zumindest …

Sohn: Papa!
Vater: (abwesend) Ja?
Sohn: Ich hab hier 'ne Rechenaufgabe.
Vater: Meinetwegen. Aber komm nicht so spät nach Hause!
Sohn: Ich hab hier 'ne Rechenaufgabe, die krieg ich nicht raus!
Vater: (bei der Sache) Was? Die kriegst du nicht raus? Zeig mal her.
Sohn: Hier. 28 durch 7.
Mutter: Dann hilf ihm doch!
Sohn: Was heißt denn 28 durch 7, Papa? Wofür brauch ich das denn?
Vater: Wofür? Wofür? Alle naselang brauchst du das! Stell dir vor, du hast 28 Äpfel, ihr seid sieben Buben und wollt die Äpfel untereinander aufteilen!
Sohn: Wir sind aber nur vier! Der Fips, der Kurt, sein Bruder und ich!
Vater: Dann nehmt ihr halt noch den Erwin, den Gerd und den Henner dazu, dann seid ihr …
Sohn: Der Henner ist blöd. Der kriegt keinen Apfel.
Vater: Na, dann musst du halt sehen, wen du sonst noch auf der Straße triffst.
Mutter: Der Junge geht mir nicht auf die Straße! Der macht jetzt seine Schulaufgaben!
Vater: Jetzt misch dich nicht auch noch ein! Oder weißt du eine bessere Erklärung dafür, wie 28 durch 7 geht?
Mutter: Jedenfalls geht der Junge nicht auf die Straße!
Vater: Gut! Er bleibt hier! Wir haben also keine sieben Buben, sondern nur 28 Äpfel und die teilen wir jetzt durch sieben Birnen, das macht …
Mutter: Aber Hermann! Das geht doch gar nicht!
Vater: Jaja, 's war falsch … Nun macht doch nicht alles so kompliziert! Ihr seid also keine sieben Birnen … äh … Buben … ihr seid sieben … sieben … na! Sieben Zwerge! Jawohl, ihr seid sieben Zwerge.
Sohn: Und?
Vater: Und die haben zusammen eine 28-Zimmer-Wohnung!

Mutter: Ach Gott, Hermann, es gibt doch in der ganzen Stadt keine 28-Zimmer-Wohnung!

Vater: Natürlich nicht! Es gibt ja auch in der ganzen Stadt keine sieben Zwerge, verdammt noch mal! Wenn ich deine unqualifizierten Bemerkungen schon höre!

Mutter: Unqualifiziert! Aha! Und was machen deine sieben Zwerge in ihrer 28-Zimmer-Wohnung?

Vater: Wohnen! Was denn sonst? 28 Zimmer durch sieben Zwerge!

Mutter: Soso! Die gehn da durch. Hintereinander – wie?

Sohn: Und was macht das Schneewittchen, Papa?

Vater: Die? Sie soll bleiben, wo sie ist, die dumme Nuss!

Mutter: Aber Hermann!

Vater: Ist recht! Ist recht! 28 durch 7! Das muss man teilen. Verstehst du? Wie einen Kuchen! Du hast eine Torte und die teilst du in der Mitte durch. Und dann ist sie geteilt, klar?

Sohn: Ja, und dann?

Vater: Und bei deiner Aufgabe musst du eben 28 Torten durch 7 teilen, jawohl! 28 Torten. (laut) Elke! Ich bin's leid. Kauf jetzt 28 Torten!

Mutter: Für wen denn?

Vater: Für uns sieben!

Mutter: Wir sind aber doch nur drei!

Vater: Dann werden eben noch vier dazugeladen! Die Gierigs. Die alte Raffke! Und der gefräßige Herr Mertens! Kauf die Torten!

Mutter: 28 Torten?! Aber das ist ja viel zu teuer, Hermann!

Vater: Für die Bildung von meinem Sohn ist mir nichts zu teuer! Jetzt kaufst du die 28 Torten!

Sohn: Aber das ist doch Wahnsinn! Da muss ja jeder von uns vier Torten essen!

Vater: Das werden wir ja sehen, ob wir das schaffen! Wenn ich schon dran denk, an das süße Zeug.

Mutter: Ja, dann könnten wir doch …

Vater: Nein! Die Aufgabe wird jetzt gelöst! Kauf die Torten!

Mutter: (im Rausgehen) … 28 Torten! Vier Torten für jeden! Das schaffen wir doch nie …

Otto Waalkes

35 Kilo Hoffnung

Schule ist immer ein Drama zu Hause. Meine Mutter heult und mein Vater motzt mich an. Sie so zu sehen, macht mich ganz unglücklich. Aber was soll ich machen? Ihnen fällt nichts anderes ein, als wie Papageien immer wieder dasselbe nachzuplappern: „Du musst mehr lernen!"
„Lernen!" – „Lernen!" – „Lernen!"
„Lernen!"

Gut, ich habe verstanden. Ich würde gerne mehr lernen; das Problem ist nur, dass es mir nicht gelingt. Alles, was in der Schule vor sich geht, kommt mir chinesisch vor. Zum einen Ohr geht es rein und zum anderen wieder raus. Sie haben mich zu Tausenden von Ärzten geschleppt, für die Augen, für die Ohren und sogar fürs Gehirn. Und das Ergebnis dieser ganzen verlorenen Zeit: Ich hab ein Konzentrationsproblem.

Großvaters Schuppen ist der Ort, an dem ich mich auf der Welt am glücklichsten fühle. Obwohl es nichts Großartiges ist. Ein Schuppen ganz hinten im Garten, aus Brettern mit gewellter Dachpappe, worin es im Winter zu kalt und im Sommer zu heiß ist. Sooft ich kann, bin ich dort. Um zu basteln, um Werkzeuge oder Holzteile auszuleihen, um meinen Opa Léon bei der Arbeit zuzusehen, um ihn um Rat zu fragen oder ganz einfach nur so. Aus Freude, an einem Ort zu sein, der zu mir passt.
Als er erfuhr, dass ich die dritte Klasse wiederholen muss, nahm mich Opa Léon auf seine Knie und erzählte mir die Geschichte vom Hasen und der Schildkröte.
Ich erinnere mich sehr genau, wie ich mich an ihn kuschelte und seiner sanften Stimme zuhörte.
„Siehst du, mein Großer, niemand setzte auch nur einen Heller auf diese blöde Schildkröte, sie war viel zu langsam … Und dennoch hat sie gewonnen. Und weißt du, warum? Sie hat gewonnen, weil sie eine kleine tapfere Frau war, mutig und beherzt. Und du, David, bist auch mutig … Ich weiß es, ich habe dich bei der Arbeit beobachtet. Wie du Stunden damit verbracht hast, in der Kälte ein Stück Holz abzuschmirgeln oder deine Modellentwürfe anzumalen … Für mich bist du wie diese Schildkröte."

Als er von der vierten Klasse erfuhr, war der Ton ein anderer.

Ich kam zu ihnen wie immer und er antwortete mir nicht mal, als ich ihn grüßte. Wir aßen schweigend, und nach dem Kaffee blieb er einfach sitzen.

„Opa Léon?“

„Was?“

„Gehen wir in den Schuppen?“

„Nein.“

„Warum nicht?“

„Weil mir deine Mutter die schlechte Nachricht mitgeteilt hat…“

„…“

„Ich verstehe dich nicht. Du hasst die Schule, aber du tust alles, um so lange wie möglich dort zu bleiben …“

Ich antwortete nicht.

„Aber du bist nicht so dumm, wie man es dir einredet. Oder doch?“

Sein Ton war streng.

„Ja.“

„Mensch, das macht mich noch wahnsinnig! Natürlich ist es viel einfacher zu sagen, man ist eine Null. Und dann kann man die Hände in den Schoß legen! Natürlich! Das ist Schicksal! Es ist so einfach zu glauben, dass man dazu verdammt ist. Also! Was hast du jetzt vor?“

Ich zupfte an einer Kissenecke herum und wagte nicht hochzugucken.

„Nein wirklich. Ich verstehe dich nicht. Auf jeden Fall zähle nicht mehr auf den alten Léon. Ich mag Leute, die ihr Leben in die Hand nehmen. Wenn ich daran denke, dass ich dich immer verteidigt habe … Immer. ich habe deinen Eltern gesagt, sie sollen Vertrauen haben, ich habe Entschuldigungen für dich gefunden, ich habe dich ermutigt! Ich will dir was sagen, mein Freund: Es ist viel leichter unglücklich zu sein als glücklich. Sei glücklich. Tu etwas, streng dich an, um glücklich zu sein!“

Ich bin in den Schuppen gegangen. Mir war sehr kalt. Ich setzte mich auf einen alten Kanister und fragte mich, was ich wohl tun konnte, um mein Leben in die Hand zu nehmen.

Anna Gavalda

Was könnte der Junge tun?

So lebt meine Familie

Ich heiße Stefan und bin in der 4. Klasse
der Karl-Valentin-Grundschule.

Nach dem Unterricht gehe ich immer zu meiner Oma.
Dort kann ich zu Mittag essen, denn meine Oma
arbeitet halbtags als Sekretärin in einer Speditionsfirma.
Sie bearbeitet die eingehende Post, das heißt, sie öffnet
alle Briefe, die in der Firma eintreffen, und leitet sie an
die zuständigen Abteilungen weiter.

Meine Mama ist Bibliothekarin.
Sie ist in unserer städtischen Bücherei
in der Kinderbuchabteilung.
Sie entscheidet, welche neuen Bücher angeschafft werden,
und informiert sich über die Buchinhalte.
Dazu liest sie Prospekte über Kinderbücher
und die Klappentexte der eingetroffenen Bücher.
Mama kümmert sich auch darum, dass Bücher,
die kaputt oder unappetitlich geworden sind,
ausgetauscht werden,
sofern noch Geld vorhanden ist.
In der Bücherei hilft sie außerdem den Kindern,
die etwas Bestimmtes suchen oder nicht genau wissen,
was für sie interessant oder passend sein könnte.

Mein Vater arbeitet im Wasserwerk.
Was er dort genau zu tun hat, weiß ich nicht.
Ich weiß nur, dass ohne das Wasserwerk die
Leute in unserer Stadt kein sauberes Wasser
aus der Leitung bekommen würden.
Papa sagt immer, dass Wasser wertvoller als Gold ist.
Er arbeitet im Schichtdienst. Deshalb muss
er auch oft spätabends noch arbeiten und
hat auch nicht immer am Wochenende frei.
Dafür kann er manchmal länger schlafen
und hat öfter in der Woche einen freien Tag.

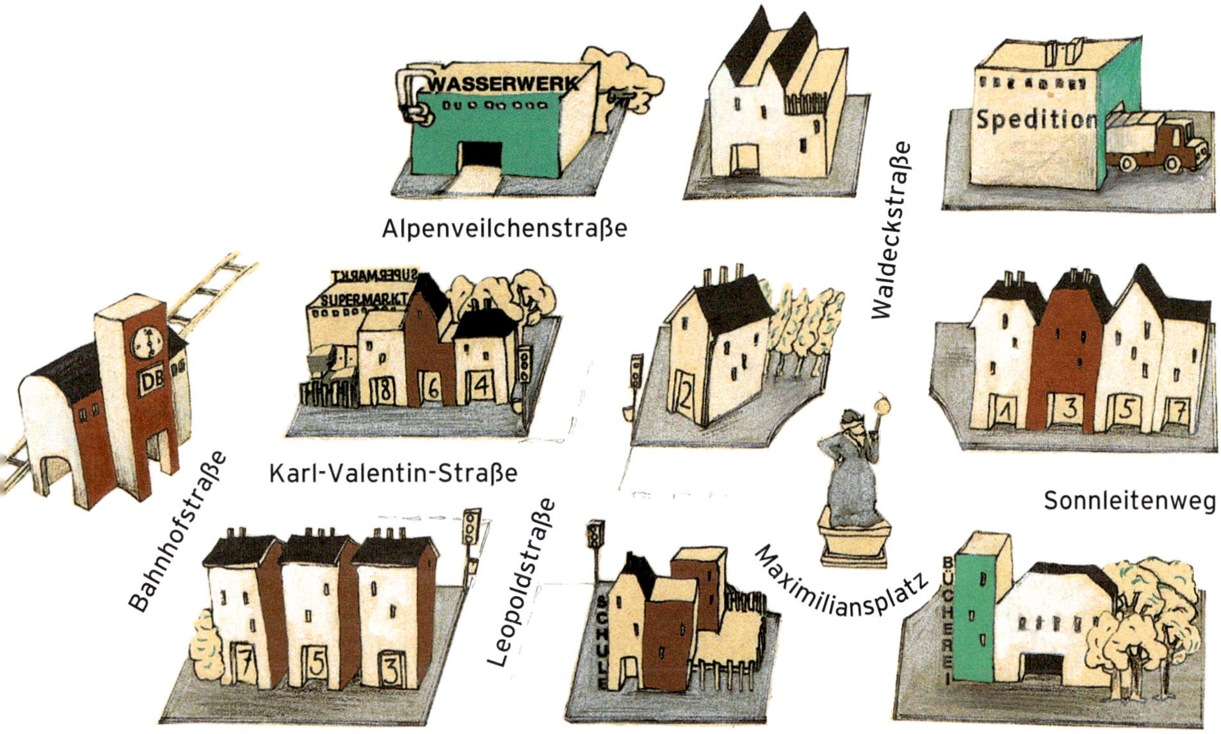

Wo wohnt Oma?

Wenn ich nach der Schule zu meiner Oma gehe, so gehe ich durch einen Seitenausgang zur Leopoldstraße. Diese gehe ich entlang bis zur ersten Querstraße. Um an dieser Kreuzung schräg gegenüber das Haus Nummer 4 zu erreichen, muss ich an zwei Ampeln die Straße überqueren. Nun spaziere ich die Straße entlang, Richtung Bahnhof, bis ich am letzten Haus in der Straße ankomme. Dort wartet meine Oma schon mit dem Essen.

Meine Oma geht nach der Arbeit von der Spedition aus die Alpenveilchenstraße entlang bis zum Supermarkt. Um ihn zu erreichen, muss sie zwei Straßen überqueren und schließlich die Straßenseite wechseln. Nach dem Einkaufen dort biegt sie am Ende der Alpenveilchenstraße links ein. In die nächste Querstraße biegt sie ebenfalls wieder links ein und betritt dort das erste Haus.

Wo wohnen wir?

Mein Vater verlässt das Wasserwerk über den Ausgang Alpenveilchenstraße. Meistens fährt er mit dem Rad. Am sichersten ist es für ihn, wenn er bis zur Leopoldstraße radelt, in diese rechts einbiegt und an der ampelgeregelten Kreuzung links abbiegt. So gelangt er zu einem Platz mit einem großen Denkmal. Er fährt in den Kreisverkehr und biegt in die zweite Ausfahrt rechts ein. Vor dem zweiten Eingang auf der linken Straßenseite stellt er sein Rad ab. Dort wohnen wir.

Meine Mama muss nach der Arbeit nur die Straße überqueren, schon ist sie zu Hause.

Beschreibe den Weg von Stefans Oma bis zu ihm nach Hause.

Wanda – Schreck am Morgen

DONNERSTAG

Gehe wie jeden Dienstag und Donnerstag mittags zu Papa und Inge. Inge hat Tofu-Gulasch gemacht. Ich hasse Tofu-Gulasch, aber heute bin ich froh, weil ich dadurch das Gefühl habe, dass Inge wieder normal ist. Trotzdem kontrolliere ich den Mülleimer: zwei Erdnussflipstüten und eine leere Packung Geleebananen. Ich fasse es nicht!
Abends esse ich mit Mama im Garten. Es geht mir so gut, dass ich schnurren könnte. Drinnen klingelt das Telefon und Mama flitzt hin. Es ist Bertfried.
Nichts auf dieser Welt ist perfekt.

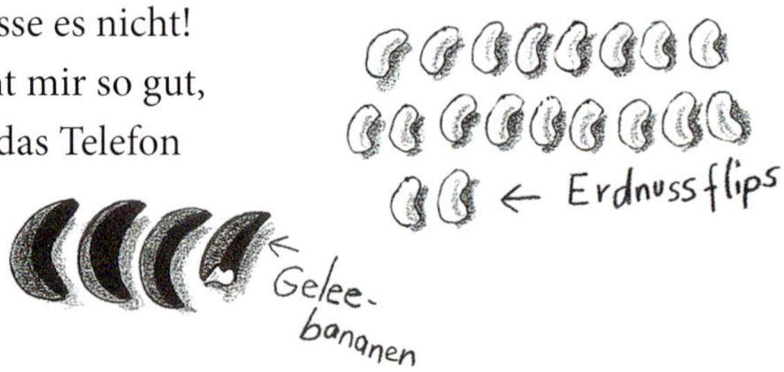

FREITAGMORGEN

Ich habe meinen Turnbeutel vergessen und muss noch mal zurück nach Hause.
Mama sitzt in ihren Morgenmantel gewickelt im Wohnzimmer. Sie telefoniert.
Ich gehe in den Flur (Mama merkt nichts, Mensch, ich könnte auch ein Einbrecher sein!) und schnappe meinen Turnbeutel.

„Harald geht es gut“, höre ich Mama sagen. „Er scheint mit seiner Inge wirklich glücklich zu sein.“
Ich habe die Klinke der Haustür schon in der Hand, als Mama sagt: „Doch, doch, die turteln ganz schön, vor allem seit Inge schwanger ist …“ Mein Turnbeutel fällt polternd zu Boden.
Mama fährt erschrocken hoch und kommt raus in den Flur gerannt. „Wanda!“, ruft sie. „Ist dir nicht gut?

Grade eben ging's mir noch blendend, aber jetzt muss ich mich gegen die Wand lehnen. Mama geht vor mir in die Knie.

Hast du mich telefonieren gehört?“ Ich nicke!
Mama nimmt mich in den Arm. „Tut mir Leid! Die beiden wollten es dir eigentlich selber sagen.“ „Zu spät!“, krächze ich.
Mann, bin ich blöd! Da hätte ich längst selbst drauf kommen können.
Daher also Inges neue Vorliebe für Kartoffelchips.

Dagmar Geisler

Sprecht in der Klasse über den Text.

Wanda kennenlernen kannst du auf Seite 14. Wie es am Freitag weitergeht kannst du auf den Seiten 30/31 lesen.

Ich hätte gerne immer etwas zu essen

Lies die Überschrift. Was könnte in dem Interview gefragt werden?

Janis lebt mit Eltern und vier Geschwistern in München. Ein Gespräch mit der Süddeutschen Zeitung (=SZ) über Armut, Gerechtigkeit und Ziele im Leben.

SZ: Janis, reden wir über Geld. Ist deine Familie arm?

Janis: Arm sein bedeutet für mich, auf der Straße zu leben. Deshalb finde ich uns nicht arm. Wir haben eine Wohnung. Manchmal denke ich aber doch, dass wir arm sind. Wenn ich etwa eine neue Tasche für die Schule brauche und wir keine kaufen können.

SZ: Wie wohnt ihr?

Janis: Meine Eltern, meine Geschwister und ich haben eine Drei-Zimmer-Wohnung für sieben Personen. Ich schlafe mit den zwölfjährigen Zwillingen in einem Zimmer auf einer Liege, Papa schläft mit meinem älteren Bruder in einem Raum und im Wohnzimmer sind meine Mutter und die Kleinste.

SZ: Janis, bist du neidisch auf Menschen, die mehr haben als du?

Janis: Ja, schon. In der Schule haben andere bessere Sachen als ich.

SZ: Ist es dir peinlich vor den anderen, dass du kein Geld hast?

Janis: Meine Freunde wissen das ja nicht. Nur einer weiß es, der ist auch ein bisschen arm.

SZ: Versteht er dich?

Janis: Ja, er weiß wie es ist, Hunger zu haben oder ausgelacht zu werden. Der weiß, wie ich mich dann fühle, dass ich manchmal traurig bin.

SZ: Wenn du dir etwas wünschen dürftest, was wäre das?

Janis: Schneller groß zu werden und immer etwas zu essen zu haben.

SZ: Findest du es ungerecht, dass manche viel und manche wenig haben?

Janis: Schon ein bisschen. Aber was will man machen? Das ist halt so. Manche verdienen mehr als andere, haben bessere Sachen. So ist es.

SZ: Wie viel Geld hast du?

Janis: Nichts, ich habe gar kein Geld.

SZ: Was würdest du mit viel Geld machen?

Janis: Erst würde ich meine Familie versorgen, meine Mutter und Geschwister. Dann würde ich eine Villa kaufen.

SZ: Hast du Angst vor der Zukunft?

Janis: Ich habe Angst, dass es nicht so wird, wie ich es mir erhoffe. Dass ich kein Rechtsanwalt werde und keine Chancen habe. Dass es so bleibt, wie es jetzt ist.

Tomas

Fünf Jahre lang war die Bille die Freundin von Tomas. Und da der
Tomas zehn Jahre alt ist, war das sein halbes Leben lang.
Dann zog der Konrad ins Nachbarhaus der Bille. Der war auch zehn
Jahre alt, und die Bille verliebte sich in ihn auf den ersten Blick!
„Tut mir leid“, sagte sie zum Tomas. „Aber unsere Liebe ist jetzt aus!“
Der Tomas war sehr traurig. Und die Traurigkeit hörte nicht auf.
Und er nahm sich keine neue Freundin,
obwohl er leicht zehn hätte haben können.
„Wie können wir dir denn bloß helfen?“, fragten der Papa
und die Mama.
„Wie können wir dir denn bloß helfen?“, fragten auch
die große Schwester und der kleine Bruder.
Aber der Tomas wusste keine Antwort darauf.
Dann, eines Tages, nach vielen Wochen, rief die Bille an.
Und sagte zum Tomas: „Die Liebe mit dem Konrad ist aus.
Willst du wieder mein Freund sein?“
„Ich komme!“, rief der Tomas und legte den Hörer wieder auf.
„Mit der Kuh würd ich kein Wort mehr reden!“,
sagte der kleine Bruder.
„Bist ja nicht ihr Hanswurst“, sagte die große Schwester.
„Wo sie dir so viel Kummer gemacht hat“, sagte die Mutter.
„Da hätt’ ich meinen Stolz“, sagte der Vater.
Der Tomas zog seine Jacke an und seine Schuhe.
„Dir ist nicht zu helfen!“, riefen der Papa,
die Mama, die große Schwester
und der kleine Bruder.
„Jetzt braucht mir ja auch niemand
mehr zu helfen!“, rief der Tomas
und lief aus der Wohnung.
Und dachte:
Die sind vielleicht komisch!
Wollen, dass ich ewig traurig bleibe!

Christine Nöstlinger / Jutta Bauer

Was meint ihr, wie es weitergeht? Werden die beiden über Billes Verhalten sprechen? Spielt die Situation und probiert verschiedene Möglichkeiten aus.

Werkstatt 168

Mamas Suppe

Die Mutter – sie hieß Josette – ärgerte sich jedes Mal, wenn sie nach Hause kam. Annaluise hatte ihre Strümpfe im Zimmer verstreut, Mäxchen hatte Bilder aus der Illustrierten geschnitten und Schere und Schnipsel nicht weggeräumt; Annaluise fand ihr Rechenheft nicht, Mäxchen suchte seine Turnschuhe. Der Vater hatte Krümel aus seiner Tabakspfeife in der ganzen Wohnung verloren und vergessen, auf dem Nachhauseweg Brot zu kaufen, wie er es versprochen hatte. Niemand hatte die Waschmaschine ausgeräumt. Niemand stellte das Radio leise, und Annaluise wollte duschen und schrie nach einem Handtuch. Josette hatte den Hausschlüssel nicht in ihrer Handtasche gefunden, sie hatte geklingelt und niemand hatte aufgemacht; alle waren sie zu beschäftigt, um zur Tür zu gehen.

„Ich habe vielleicht einen Hunger!“, sagte der Vater zur Begrüßung. Und Mäxchen stampfte mit dem Fuß auf: „Wenn es Linsensuppe gibt, dann esse ich die nicht!“

Josette stand in der Küche und zitterte vor Wut. Sie hatte den ganzen Tag gearbeitet und sie war müde und die Füße taten ihr weh und niemand hatte ihr einen Kuss gegeben und niemand hatte den Tisch gedeckt. Alle schrien nur herum.

„Na wartet, ihr werdet euch wundern!“, dachte sie. „Ich werde euch eine schöne Suppe kochen!“

Sie nahm den größten Topf aus dem Schrank. Da stand noch die Milchtüte vom Frühstück. Sie kippte die Milch in den Topf, dazu den Kaffeerest, dann nahm sie das halbe Marmeladenbrot, warf’s dazu, dann den Strumpf von der Heizung, den alten Apfel, und da klebte die Knete am Tisch, hinein damit, und den Einkaufszettel, das Butterpapier, rein damit, den Kamm und die Cremedose, und den schwarz gebrannten Toast, Zucker drüber, hinterher noch den Scheuerlappen, die Abwaschbürste, den Mixstab und das Puddingpulver. Eine Flasche Bier hineingekippt, das schäumte hoch. Und den Herd angedreht und das Ganze gekocht.

„Was riecht denn hier so?“, wollte Annaluise wissen.

„Sicherlich wieder eine Spezialität; Mama probiert ein neues Rezept“, beruhigte sie der Vater und setzte sich an den Tisch.

„Hier, hier habt ihr euer Essen!“

Josette stemmte den großen Topf mitten auf den Tisch.

Annaluise und Mäxchen schrien:

„Was ist das denn für eine Suppe?“

Und der Vater fischte einen Socken heraus und bekam große Augen.

„Diese Suppe habt ihr euch selbst eingebrockt!“, erklärte Josette.

Der Vater kratzte sich am Kopf und sagte:

„Ich glaube, wir müssen Mama mehr helfen.“

Stefan Reisner

Lies genau, was Mama in den Topf wirft.

Das Jahr dreht sich im Kreise

Das Jahr dreht sich im Kreise. Es tickt die Zeit.
Und werden kann nur, was schon immer war.
Geduld, mein Herz. Im Kreise geht die Reise.
Und dem Dezember folgt der Januar.

Erich Kästner

Hat dein Jahr einen Anfang oder ein Ende?

Das Jahr dreht sich im Kreise:
Beschreibe wichtige Stationen in deinem Jahr.

Werkstatt 178|180

Vier Jahreszeiten. Guiseppe Arcimboldo, 1563

Welche Pflanzen und Früchte siehst du?
Wie würde ein Bild von dir
an deinem Geburtstag aussehen?

die ersten Schneeflocken im Winter

die erste Kastanie im Herbst

Gefunden

Ich ging im Walde
so für mich hin,
und nichts zu suchen,
das war mein Sinn.

Im Schatten sah ich
ein Blümchen stehn,
wie Sterne leuchtend,
wie Äuglein schön.

Ich wollt es brechen,
da sagt es fein:
Soll ich zum Welken
gebrochen sein?

Ich grubs mit allen
den Würzlein aus,
zum Garten trug ich's
am hübschen Haus.

Und pflanzt es wieder
am stillen Ort;
nun zweigt es immer
und blüht so fort.

Johann Wolfgang von Goethe

Er ist's

Frühling lässt sein blaues Band
wieder flattern durch die Lüfte.
Süße, wohl bekannte Düfte
streifen ahnungsvoll das Land.
Veilchen träumen schon,
wollen balde kommen.
Horch! Von fern ein leiser Harfenton!
Frühling, ja du bist's!
Dich hab ich vernommen.

Eduard Mörike

Suche dir eines der Gedichte aus und übe es vorzutragen.

Rätselhaftes Ostermärchen

(nur mit Ei O und Eier OO aufzulösen)

Der FrackverlOher HOnrich OstermOO kehrte
am ersten OsterfOOtage sehr betrunken hOm.
SOne Frau, One wohl belObte, klOne Dame, betrieb in
der Kloststraße Onen OOhandel.
Sie empfing HOnrich mit den Worten: „O O, mOn Lieber!“
DabO drohte sie ihm lächelnd mit dem Finger.
Herr OstermOO sagte: „Ich schwöre Onen hOligen Od, dass ich
nur ganz lOcht angehOtert bin. Ich war bO Oner WOhnachtsfOO
des VerOns FrOgOstiger FrackverlOher.
Dort hat Ones der Mitglieder anlässlich der Konfirmation sOner
Tochter One Maibowle spendiert, und da habe ich denn sehr viel
RhOnwOn auf das Wohl des verehrten JubelgrOses trinken müssen,
wOl man ja nicht alle Tage zwOundneunzig Jahre alt wird.“
Frau OstermOO schenkte diesen Beteuerungen kOnen Glauben,
sondern sagte nochmals: „O O, mOn Lieber!“ Worauf ihr PapagO
die ersten zwO Worte „O O“ wohl drOßigmal laut wiederholte.
Über das GeschrO des PapagOs geriet HOnrich in solche Wut,
dass er On BOl ergriff und sämtliche OO zerschlug.
Frau OstermOO wurde krOdeblOch und lief, triefend von
Ogelb, zur PolizO.
Ihr Mann aber ließ sich erschöpft auf Onen Stuhl
nieder und wOnte lOse vor sich hin. Bis ihm der
PapagO von oben herab On OsterO in den
Schoß warf. Da war alles vorbO.

Joachim Ringelnatz

Kannst du eine eigene, kleine O-Geschichte schreiben?

Wir machen einen Ausflug

Wir kriegten jeder unsere Limonade, Jonas und ich und Lotta. Lotta ging ans Ufer und nahm ein bisschen Sand und tat ihn in ihre Limonade, und als wir sie fragten, weshalb sie das täte, da sagte sie, sie wolle nur mal probieren, wie es schmeckt.

Nach dem Essen streckte sich Papa im Gras aus und sagte: „Wie ist es schön hier in der Sonne. Ich glaube, ich schlafe mal ein Weilchen. Die Kinder können ein bisschen auf sich selber aufpassen. Aber ihr geht nicht auf den Steg hinaus, hört ihr!“

Wir gingen nicht auf den Steg hinaus. Aber ein bisschen weiter weg war ein ziemlich hoher Felsvorsprung am See und auf den gingen wir hinauf. Jonas sagte, er wolle uns mal zeigen, wie Papa es macht, wenn er einen Kopfsprung macht. „So macht er's“, sagte Jonas und streckte die Arme in die Luft und machte einen kleinen Sprung. Und denkt euch, da plumpste er ins Wasser und dabei hatte er das gar nicht gewollt. Und obendrein hatte Mama gesagt, wir dürfen nicht baden, weil das Wasser noch viel zu kalt sei. Jonas ging unter und Lotta und ich, wir schrien, so laut wir konnten. Aber ich holte einen Ast, der auf dem Felsvorsprung lag, und hielt ihn ins Wasser, und als Jonas wieder hoch kam, kriegte er den Ast zu fassen und hielt sich daran fest. Und da lachte Lotta.

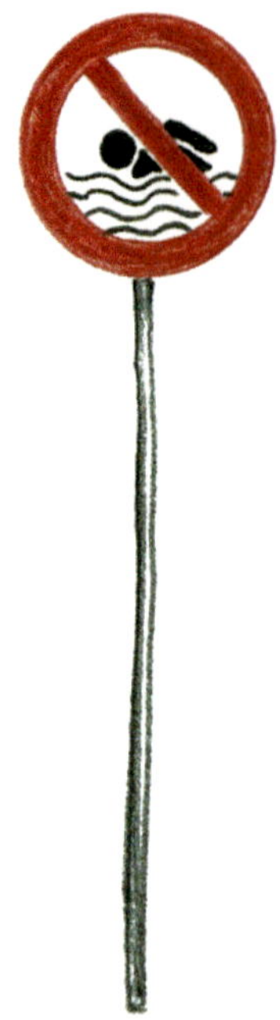

Gerade jetzt kamen Papa und Mama angelaufen und Papa holte Jonas aus dem Wasser.

„Jonas, was machst du nur?“, sagte Mama, als Jonas völlig durchnässt ans Ufer kam.

„Er wollte nur zeigen, wie Papa es macht“, sagte Lotta und lachte ganz furchtbar über Jonas. Denn seine Hosen sähen so komisch aus, sagte sie.

Jonas musste alle Sachen ausziehen und Mama hängte sie an einen Baum zum Trocknen. Aber als wir nach Hause fahren wollten, waren die Sachen noch nicht trocken. Deshalb wurde Jonas in eine Decke gewickelt. Und darüber lachte Lotta auch.

Astrid Lindgren

Spielt den Text.

Sonnwendfeier

Wenn die Sonne am 22. Juni ihren nördlichsten Punkt erreicht hat, wird bei vielen Völkern ein Fest zur sommerlichen Sonnenwende gefeiert. In christlichen Ländern wird dies häufig mit dem Fest Johannes des Täufers zusammengelegt. In Bayern wird es auf ganz unterschiedliche Weise begangen. Ein großes Sonnwendfeuer darf aber nie fehlen.

Rosenheim/Brannenburg

Sonnwendfeier mit Musik am Breitenberg

Eine Sommer-Sonnwendfeier rund um die Breitenberghütte findet am 21. Juni ab 19 Uhr statt. Eine Band wird zum Tanzen aufspielen. Das Sonnwendfeuer wird bei Einbruch der Dunkelheit oberhalb der Hütte mit grandiosem Ausblick auf die gegenüberliegenden Rosenheimer Hausberge angezündet. Nach altem Brauchtum werden zum Johannisfest Berglieder angestimmt; dazu sollte das Liederbuch nicht vergessen werden. Bei Regen wird in der Hütte gefeiert.

Suche in der Zeitung nach einem Bericht über eine Sonnwendfeier in deiner Heimat.

KRAIBURGER RITTERSONNWEND BEGEISTERTE DIE BESUCHER BIS IN DIE FRÜHEN MORGENSTUNDEN

Sie wurde ein Riesenspektakel, die Rittersonnwend auf dem Schlossberg.
Unablässig strömten die Besucher auf den Berg. Eine Gruppe begeisterte nicht nur mit ihrer mittelalterlichen Musik, sondern sie betätigte sich auch als ausgezeichnete Jongleure, Gaukler oder Feuerspucker.
Eine besondere Attraktion waren die Ritter der Ritterschaft in ihren historischen Ausrüstungen. Lautstark wurden sie vom begeisterten Publikum angefeuert, wenn sie beim Schwertkampf ihre Kräfte maßen.
Die zahlreichen Kinder vergnügten sich beim Ringelstechen mit dem Holzpferd, lauschten aufmerksam der Märchenerzählerin oder versuchten ihr Glück beim Ringewerfen.
Nach Einbruch der Dunkelheit wurde schließlich der riesige Holzstoß entzündet, und erst in den frühen Morgenstunden machten sich die letzten Festbesucher auf den Heimweg.

Werkstatt 180

Lieber Regen als Stau

Ich heiße Claudia. Wir wohnen in Nürnberg, meine Eltern, Julchen, Flori und ich. In den Ferien waren wir meistens bei meinen Großeltern im Bayerischen Wald. Dort gefiel es uns gut. Nur geregnet hat es so oft. Deshalb wollten wir im vorigen Jahr mit unserem neuen Wohnwagen an die Adria fahren.

„Wir starten morgens um vier", sagte Vater. „Dann sind die Straßen leer."

Aber als wir auf die Autobahn kamen, war dort ein Betrieb wie in der Stadt zu Weihnachten: deutsche und ausländische Nummern, ein Wagen hinter dem anderen.

„Da ist ja ganz Europa unterwegs", sagte mein Vater. „Na, wird schon nicht so schlimm werden."

„Hoffentlich", sagte meine Mutter.

Doch es wurde noch viel schlimmer. Immer mehr Autos kamen, immer mehr. Und heiß war es auch. Die Sonne knallte aufs Dach.

Julchen, Florian und ich konnten es kaum aushalten. Wir quengelten und zankten uns den ganzen Morgen.

„Frieden!", sagte mein Vater. „Sonst kehren wir wieder um."

„Wäre vielleicht das Beste", murmelte meine Mutter.

Wir krochen weiter wie die Schnecken bis zur Salzburger Autobahn. Dort war es ganz aus. Nur alle fünf Minuten ging es ein paar Meter vorwärts. Und diese Hitze! Am liebsten wäre ich aus dem Auto gesprungen. Julchen, die erst vier war, fing an zu weinen. „Ich will nach Hause!", heulte sie.

„Sei still! Sonst passiert was!", brüllte mein Vater. Sein Gesicht war beinahe so rot wie das Hemd, das er anhatte. Und meine Mutter sah aus, als ob sie auch gleich heulen würde. Nur Flori schlief.

Der schläft immer.

Nach langer Zeit kamen wir wieder ein Stück weiter. Und plötzlich fuhr mein Vater von der Autobahn ab. Er fuhr bis zu einem Waldweg. Dort stieg er aus und ließ sich ins Gras fallen. Wir anderen machten es ebenso.

Schnaufend lagen wir da und sagten eine Weile gar nichts.

„Und jetzt?", fragte meine Mutter schließlich.

„Jetzt fahren wir an den Chiemsee", sagte mein Vater. „Der ist hier ganz in der Nähe. Und dort bleiben wir. Mich jedenfalls kriegen keine zehn Pferde mehr auf die Autobahn. Einverstanden?"

„Und wie", sagte meine Mutter.

„Lieber Regen als noch mal dieser Stau."

Das fanden wir alle. Und am Chiemsee ist es dann sehr schön geworden. Unseren Wohnwagen haben wir auf einem Bauernhof abgestellt. Der See war fast so warm wie die Adria. Baden konnten wir und rudern und Bergtouren machen und noch viel mehr. Geregnet hat es höchstens dreimal, öfter nicht. Und im nächsten Jahr fahren wir wieder hin.

Irina Korschunow

Kleiner Lehrgang für den Umgang mit Eltern im Urlaub

1. Die Kinder, mit denen du im Urlaub Freundschaft schließt, haben Eltern. Und diese Eltern fühlen sich bemüht, zu den Eltern der Freunde ihrer Kinder freundschaftliche Beziehungen aufzubauen. Suche dir daher nur Freunde, deren Eltern den deinen angenehm sind.

2. Eltern versprechen für den Urlaub viel! Sie tun dies in Kenntnis der eigenen Charakterschwäche. Nimm also Versprechen wie „Jeden Tag rudern wir über den See" oder „Jeden Abend lese ich dir eine Geschichte vor!" nicht ernst. Weise aber doch hin und wieder auf diese nicht eingehaltenen Versprechen hin, dann bekommst du spielend ein viertes Eis oder ein sechstes Cola pro Tag.

3. Ist in einem Restaurant eine Speise besonders köstlich, unterdrücke deine helle Begeisterung. Der schlichte Hinweis „Aber die Mama macht das zu Hause noch viel, viel besser!", kann allerhand zur Urlaubsfreude deiner Mutter beitragen!

4. Eltern wollen stolz auf ihre Kinder sein! Sagen andere Urlauber zu deinen Eltern: „Sie haben aber ein reizendes Kind!", sind deine Eltern im siebten Urlaubshimmel. Diesen Effekt zu erreichen ist weiter nicht schwer. Immer jedermann brav grüßen und dabei blöde lächeln, das reicht schon.

5. Eltern wünschen sich für den Urlaub vor allem Harmonie! Darunter verstehen sie, dass du mit deinen Geschwistern nicht streitest, wenn es sein muss, ohne Widerspruch fetten, alten Hammel isst und mit einem Getränk pro Mahlzeit auskommst. Ferner, dass du keine Schokolade auf Autositzen schmelzen lässt und je nach Bedarf schläfrig oder putzmunter bist. Ganz wichtig: Nur in passenden Situationen das Bedürfnis, Pipi machen zu müssen, äußern!!!

Christine Nöstlinger / Jutta Bauer

Erfinde eine weitere Regel für den Umgang mit deinen Eltern im Urlaub.

Der große Vogelzug der Kraniche

Seit einiger Zeit werden die Tage im hohen Norden von Europa kürzer. Über dem schwedischen Torfmoor braucht der Morgennebel immer länger, um sich aufzulösen, und die Luft wird kühler. Schon kündigen die ersten Graupelschauer den Beginn des Herbstes an.

Unter den Kranichfamilien ist eine gewisse Unruhe ausgebrochen. Ihre Jungvögel sind ausgewachsen und die Eltern haben ihre langen Flügelfedern durch die Mauser erneuert. Jetzt sind die Kraniche bereit für die große Reise von mehreren Monaten, die sie Tausende von Kilometern von ihrer Brutheimat in Schweden zu ihren Winterquartieren im wärmeren Süden Spaniens und Afrikas führt.
Schreie wie Trompetenstöße hallen über die Sumpflandschaft, wo sich die Kraniche zum Abflug seit Tagen gesammelt haben.
Bei ihrem Flug bewegen sie sich wunderbar stromlinienförmig vorwärts, um der Luft möglichst wenig Widerstand zu bieten und so Energie zu sparen. Diesem Zweck dienen auch die keilförmigen Flugformationen, die manchmal mehrere hundert Vögel vereinen.

Ab Oktober oder November überfliegen Zehntausende von Kranichen Deutschland in Richtung Frankreich. Nach mehreren Flugstunden suchen sie ihre bevorzugten Rastplätze auf. Sie geben dabei ihre strenge Flugformation auf und kreisen über dem Rastgebiet, bevor sie geschickt zu Boden gleiten. Wenn sie genug Energie aufgetankt haben, geht die Reise weiter. Bei ihren Tag- und Nachtflügen orientieren sie sich am Stand der Sonne, an den Sternen, an Seen und anderen Merkmalen der Landschaft. Eine Hürde vor allem für die Jungvögel ist die Überquerung der Pyrenäen, die oft in Wolken gehüllt sind.

Haben die Kraniche ihr Winterquartier erreicht, dann können sie sich mehrere Monate lang auf dem Weideland unter schattigen Eichen und Olivenbäumen ernähren. Heruntergefallene Eicheln und Oliven, aber auch Insekten, Schnecken, Würmer und Larven gehören zu ihren Mahlzeiten. Dann, zwischen Februar und April, versammeln sie sich zur Heimreise in Richtung Nordost, wie sie es schon seit Jahrtausenden tun. Unter ihren Flügeln gleiten die Landschaften dahin, bis sie schließlich die großen schwedischen Torfmoore erreicht haben, wo eben die letzten Schneereste schmelzen und der Frühling beginnt.

Guilhem Lesaffre

Vergleiche die beiden Texte.

Wer hat den Schwalben

Wer hat den Schwalben
Mut gemacht,
fortzufliegen?
War es der Sturm
der vergangenen Nacht
oder hat ihnen
die Sonne vom Himmel
zugelacht?

Wer hat ihnen
einen zweiten
Sommer versprochen?
War es ein Traum?
Oder nur ein Blatt
vom Lindenbaum,
das vom Winde bewegt
lautlos zu Boden schwebt?

Max Bolliger

Das Oktoberfest – die Wies'n

Einmal im Jahr feiert man in München das größte Volksfest der Welt: das Oktoberfest – von den Münchnern liebevoll Wies'n genannt.
Das Fest geht auf die Hochzeit des Kronprinzen Ludwig und seiner Braut Therese von Sachsen-Hildburghausen zurück. Ihnen zu Ehren wurde am 17. Oktober 1810 ein Pferderennen veranstaltet. Das Fest war ein großer Erfolg und wurde deshalb im nächsten Jahr wiederholt. Es sollte aber noch viele Jahre dauern, bis aus dieser jährlichen Volksbelustigung ein Volksfest wurde, wie wir es heute kennen: Große Zelte, in denen Bier in Maßkrügen ausgeschenkt wird und deftige Brotzeiten gereicht werden.
Für die Kinder sind die zahlreichen Fahrgeschäfte und Attraktionen am wichtigsten: Vom traditionsreichen Toboggan bis zu immer wilderen Achterbahnen und vom Flohzirkus bis zu den Schießbuden wird alles geboten. Wer sich gern gruselt, der steigt in eine der Geisterbahnen. Ein Wies'nbesuch ist für viele Münchner ein ebenso großes Ereignis wie für die Gäste aus der ganzen Welt.

Oktoberfest

„Sensation! Hereinspaziert!"
schreit der Zirkusmo.
's Grusln lernst ums teire Göid
auf der Geisterboh.

Sagt des Madl: „Tuas probiern,
nimm des Gwahr in d' Hand!
's muaß net glei a Zwoifa sei,
broat is d'Brettawand."

Hemadärmi in dem Zelt
d'Musikantnleit.
Blasn, dass 's d'Ohrn schier zreißt:
„Hoch die Gmüatlichkeit!"

Heinrich Wismeyer

Sammle Zeitungsberichte über das Oktoberfest.

Hoher Herbst

Kastanie fällt.
Die Walnuss wird geschlagen.
Das nasse Obst:
in Körben heimgetragen.

Der Wind aus West,
der Regen treibt die Blätter.
Das Astwerk bricht
herab in schwerem Wetter.

Die graue Zeit
sinkt mit den Nebeln nieder.
Die Kühle greift
den Vögeln ins Gefieder.

Nur Rabenschrei
verhallt in leeren Wäldern
beim scharfen Rauch
aus den Kartoffelfeldern.

Karl Krolow

Novembertag

Nebel hängt wie Rauch ums Haus,
drängt die Welt nach innen;
ohne Not geht niemand aus,
alles fällt in Sinnen.

Leiser wird die Hand, der Mund,
stiller die Gebärde.
Heimlich, wie auf Meeresgrund,
träumen Mensch und Erde.

Christian Morgenstern

Trage eines der beiden Gedichte vor.

Knecht Ruprecht

Von drauß vom Walde komm ich her;
ich muss euch sagen, es weihnachtet sehr!
Allüberall auf den Tannenspitzen
sah ich goldene Lichtlein sitzen;
und droben aus dem Himmelstor
sah mit großen Augen das Christkind hervor.
Und wie ich so strolcht durch den finstern Tann,
da rief's mich mit heller Stimme an:

„Knecht Ruprecht", rief es, „alter Gesell,
hebe die Beine und spute dich schnell!
Die Kerzen fangen zu brennen an,
das Himmelstor ist aufgetan,
Alt' und Junge sollen nun
von der Jagd des Lebens einmal ruhn;
und morgen flieg ich hinab zur Erden,
denn es soll wieder Weihnachten werden!
So geh denn rasch von Haus zu Haus,
such mir die guten Kinder aus,
damit ich ihrer mag gedenken,
mit schönen Sachen sie mag beschenken."

Ich sprach: „O lieber Herre Christ,
meine Reise fast zu Ende ist;
ich soll nur noch in diese Stadt,
wo's eitel gute Kinder hat."
– „Hast denn das Säcklein auch bei dir?"
Ich sprach: „Das Säcklein, das ist hier;
denn Äpfel, Nuss und Mandelkern
essen fromme Kinder gern."
– „Hast denn die Rute auch bei dir?"
Ich sprach: „Die Rute, die ist hier;
doch für die Kinder nur, die schlechten,
die trifft sie auf den Teil, den rechten."
Christkindlein sprach: „So ist es recht;
so geh mit Gott, mein treuer Knecht!"

Von drauß vom Walde komm ich her;
ich muss euch sagen, es weihnachtet sehr!
Nun sprecht, wie ich's hierinnen find!
Sind's gute Kind, sind's böse Kind?

Theodor Storm

Lerne das Gedicht auswendig und trage es vor.

Schneemänner-Tischlaterne

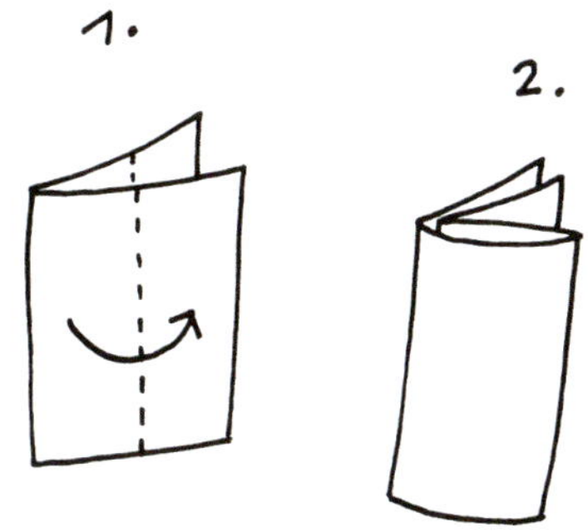

Du brauchst:

Ein unliniertes Blatt (Din A4), Klebefilm,
einen Bleistift,
eine Schere, Filzstifte

So gehst du vor:

Falte das Papier zur Hälfte zusammen, dass ein Din-A5-Blatt entsteht.

Falte es dann noch einmal der Länge nach.

Zeichne auf die Vorderseite einen Schneemann, der links und rechts an zwei Stellen ganz bis zum Rand reicht, so dass die vier Teile beim Ausschneiden miteinander verbunden bleiben.

Schneide deinen Schneemann aus. Klappe dein Blatt auseinander.

Male alle Schneemänner mit Filzstiften an und verbinde den ersten und den vierten innen mit Klebefilm.

Stülpe deine Laterne über ein nicht zu enges Glas, in dem ein brennendes Teelicht steht.

nach Eva Rüschner

Bastle die Laterne.

E-Mail für Oma

Überlege was die E-Mail mit Weihnachten zu tun haben könnte.

Alle in seiner Klasse hatten eine Oma, nur Michael nicht. Gerade jetzt, kurz vor Weihnachten, war eine Oma unbezahlbar. Sein Freund Moritz hatte sich von seiner eine neue Playstation gewünscht. Seine Eltern hatten kein Geld dafür, aber die Oma hatte ihre Rente und nur ein Enkelkind. Was machte sie also? Sie erfüllte Moritz jeden Wunsch – zum Entsetzen der Eltern!
Michael hatte auch jede Menge Wünsche, die seine Eltern ihm nicht erfüllen konnten. Aber im Unterschied zu Moritz hatte er keine Oma. Und das empfand er als sehr ungerecht. Was hatte er getan, dass er ohne Oma dastand?

Michael hatte sich schon fast mit dem Gedanken abgefunden, dass er nicht mehr rechtzeitig vor Weihnachten eine Oma finden würde, als ihm der Zufall zu Hilfe kam.
Er saß gerade an seinem Computer, als seine Eltern nach Hause kamen. Sie unterhielten sich aufgeregt.
„Der Arzt sagt, es sei nichts Schlimmes. Das war der Kreislauf, mehr nicht." Vaters Stimme klang leicht genervt.
„Vielleicht solltest du sie doch mal besuchen oder sie wenigstens anrufen."
„Wozu? Wenn sie Sehnsucht nach mir gehabt hätte, dann hätte sie sich längst mal gemeldet." Michael hörte an Vaters Stimme, dass er nicht mehr darüber reden wollte.
„Vielleicht hat sie gewartet, dass du dich meldest. Sie ist doch deine Mutter."
Den Rest bekam Michael nicht mehr mit. Er konnte nicht glauben, was er da gehört hatte: Er hatte eine Oma! Er hatte nur nichts davon gewusst.
Ein ungeheuerer Zorn auf seine Eltern stieg in ihm auf.
Wenn sein Vater seit Jahren keinen Kontakt mehr zu ihr hatte, würde er ihn auch jetzt nicht suchen, nur weil er, Michael, eine Oma für die Weihnachtsgeschenke brauchte.
Nein, er musste die Sache selber in die Hand nehmen. Wenn sie Vaters Mutter war, musste sie den gleichen Nachnahmen haben: Brammuer.

Hoffentlich wohnte sie nicht im Altersheim oder hatte gar kein Telefon.
Den Namen Brammuer gab es nur dreimal. Den seines Vaters: Hans, dann einen Peter und eine Marta. Neben ihrem Namen stand die Adresse: Königstraße 15.
Am nächsten Tag ging er gleich nach der Schule los. Während er noch überlegte, wie er jetzt am besten vorgehen sollte, ging die Haustür auf und ein Mann kam heraus. Bevor die Tür wieder zuschlug, schlüpfte Michael ins Haus.
Er suchte neben den Wohnungstüren nach ihrem Namen. Im dritten Stock hatte er endlich Erfolg: Marta Brammuer. Als er klingeln wollte, hörte er Geräusche hinter der Tür. Er rannte die Treppe in den nächsten Stock hoch. Da ging die Tür auf und eine Frau kam heraus.
Das musste sie sein!
Er folgte ihr bis ins Seniorenzentrum und spähte durch das geöffnete Fenster.
Da saß sie vor einem Computer und ließ sich von einem jungen Mann erklären, wie man E-Mails verschickt. „MartaBrammuer@hotmail.com“, murmelte sie vor sich hin, während sie die entsprechenden Buchstaben tippte.

Michael war schon auf dem Weg nach Hause zu seinem Computer. „Liebe Oma,“ schrieb er. „Du kennst mich nicht, aber ich habe dich gesehen. Schreib mir mal! Michael“
Offensichtlich saß seine Oma immer noch am Computer. Jedenfalls war zehn Minuten später die Antwort da. „Hallo Michael, wo hast du mich gesehen?“
Das war der Anfang einer E-Mail-Freundschaft. Täglich gingen etliche E-Mails hin und her. Er schrieb ihr von seinen Eltern, von der Schule. Sie schrieb, dass sie ihn sehen wolle. „Warum kenne ich dich nicht?“, wollte Michael wissen.

Dazu wollte sie nicht viel erzählen. Sie hatte sich vor vielen Jahren mit ihrem Sohn, Michaels Vater, gestritten. So heftig, dass keiner mehr mit dem anderen reden wollte. Beide waren zu starrköpfig, um den ersten Schritt zur Versöhnung zu tun. „Das liegt in der Familie. Daran kann man nichts ändern“, schrieb sie. Das sah Michael anders und beschloss mit der Familientradition zu brechen und sie einfach zu besuchen. Es war der Anfang einer abwechslungsreichen Vorweihnachtszeit. Er besuchte mit seiner Oma die Weihnachtsmärkte der Stadt. Sie gingen auch auf die Schlittschuhbahn, wo Michael erstaunt feststellen musste, dass seine Oma zwar nicht so schnell fuhr, wie er, aber genauso sicher.
„Hast du ihr schon deine Wunschliste gegeben?“, wollte Moritz wissen.

Michael schüttelte den Kopf. An das Computerspiel, das er sich doch schenken lassen wollte und weshalb er überhaupt nach einer Oma gesucht hatte, hatte er gar nicht mehr gedacht. „Hat sie wenigstens Geld?“, wollte Moritz wissen. Michael zuckte mit den Schultern. „Keine Ahnung. Aber sie hat Zeit für mich.“ Moritz schaute ihn nachdenklich an.

Sechs Tage vor Weihnachten verstauchte sich Michael den Fuß. Am meisten ärgerte er sich, dass er das Treffen mit seiner Oma absagen musste. Also würde er sie vor Weihnachten nicht mehr sehen können. Abends saß er vor seinem Computer und las ihre Antwort. Sie war besorgt und etwas traurig. „Ich wünsche mir zu Weihnachten“, schrieb sie zum Schluss, „dass wir uns im neuen Jahr wieder sehen.“ In diesem Moment ging das Telefon. Sein Vater schaute zur Tür herein. „Dein Freund Moritz will dich sprechen.“ Als Michael zurückkam, war sein Computer ausgeschaltet. Ärgerlich lief er ins Wohnzimmer. „Hast du ihn ausgeschaltet?“, rief er seinem Vater zu. Er bekam keine Antwort. Michael war sauer. Er mochte es gar nicht, wenn seine Eltern an seinen Computer gingen. Die nächsten Tage war der Vater merkwürdig abwesend. Sogar Michaels Mutter beschwerte sich, weil er nicht mehr zuhörte, wenn sie etwas erzählte. Drei Tage vor Weihnachten, Michael wollte gerade seinen Computer anschalten, kam sein Vater ins Zimmer. Er stand etwas verlegen da. Michael schaute ihn fragend an. „Wenn du ihr schreibst, dann sag ihr, dass ich dich morgen zu ihr fahre. Als vorgezogenes Weihnachtsgeschenk.“

Obwohl Michael ganz sicher war, dass sie am Computer saß und seine Nachricht erhalten haben musste, denn um diese Zeit schickten sie immer ihre E-Mails, dauerte es sehr lange, bis die Antwort kam. Und sie bestand auch nur aus wenigen Worten: „Hat Hans auch E-Mail?“

Carolin Philipps

Weihnachten

Markt und Straßen stehn verlassen,
still erleuchtet jedes Haus,
sinnend geh ich durch die Gassen,
alles sieht so festlich aus.

An den Fenstern haben Frauen
buntes Spielzeug fromm geschmückt,
tausend Kindlein stehn und schauen,
sind so wunderstill beglückt.

Und ich wandre aus den Mauern
bis hinaus ins freie Feld,
hehres Glänzen, heil'ges Schauern!
Wie so weit und still die Welt!

Sterne hoch die Kreise schlingen,
aus des Schnees Einsamkeit
steigts wie wunderbares Singen –
O du gnadenreiche Zeit!

Joseph Freiherr von Eichendorff

Wie sieht deine Stadt vor Weihnachten aus?

Schneekristall

Ein Schneekristall lag
mir auf der Hand, ewig schön,
eine Sekunde.

Josef Guggenmos

Zusammen leben – gemeinsam entscheiden

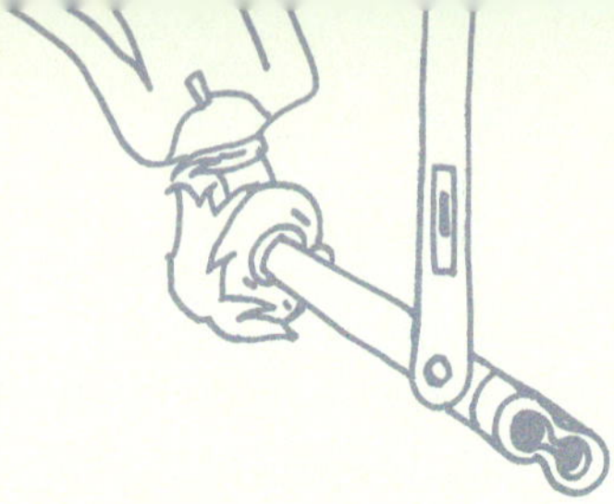

In der Fremde

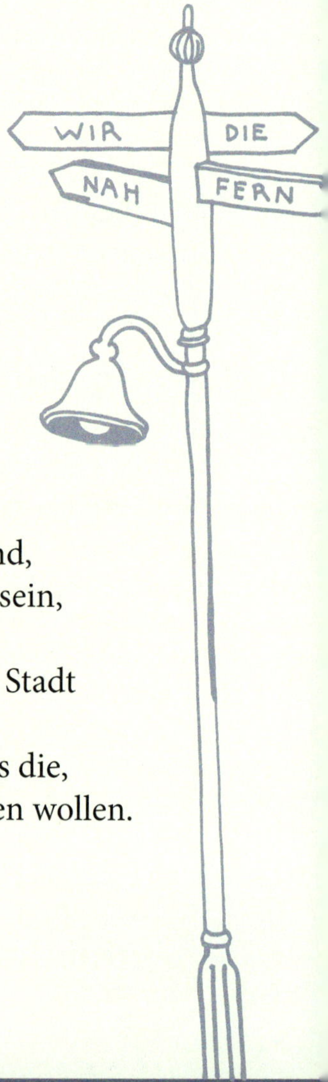

In der Stadt stellten sich immer alle vor,
dass auf dem Land immer alle
zusammen sind.
Auf dem Land glaubt keiner,
dass in der Stadt je einer alleine ist.
Wenn die aus der Stadt aufs Land gehen,
wollen sie so sein, wie sie glauben,
dass die sind, und wollen den ganzen Tag
ländlich-gesellig sein,
wie sie es in der Stadt nicht sein können.

Und wenn die vom Land in die Stadt gehen,
wollen sie so sein, wie sie glauben, dass die sind,
und wollen den ganzen Tag städtisch-gesellig sein,
wie sie es auf dem Land nicht sein können.
So sind immer alle, wenn sie vom Land in die Stadt
und wenn sie von der Stadt aufs Land gehen,
anders als sie bei sich sind und auch anders als die,
denen sie, wenn auch nur für Stunden, gleichen wollen.

Hans-Jürgen Heinrichs

Wo bist du fremd? Wo bist du zu Hause?

Zusammen leben – gemeinsam entscheiden:
Wo kannst du schon mit entscheiden?

Ich und das Dorf. Marc Chagall, 1911

Marc Chagall hat schon als kleiner Junge das ganze Leben in Bildern wahrgenommen. Für ihn waren Bilder eine Notwendigkeit und eine Selbstverständlichkeit. Begründe, warum Marc Chagall wohl diesen Titel für dieses Bild gewählt hat.

Der Kern

Auf einem kleinen Fleck der großen Erde, weit, sehr weit von hier, lebten zwei Stämme: die Carabus und die Bicornis. Die Grenze, die ihre Länder trennte, wurde von allen geachtet. Bis zu dem Tag, an dem etwas Seltsames geschah … Irgendwoher – vielleicht aus dem Schnabel eines Vogels – fiel plötzlich ein eigenartiges Ding. Carabus und Bicornis bemerkten den Findling sofort. Und sie wunderten sich, was er wohl zu bedeuten hatte. Die Carabus fingen an, den Gegenstand zu studieren. Sie schabten und kratzten Splitter von seiner Oberfläche und brachten sie zu Forschern, die sie mit modernsten Geräten untersuchten.

Die Bicornis dagegen fertigten exakte Notizen und Skizzen an, die ihre Gelehrten mit allem verglichen, was sie schon kannten. Nach vielen Experimenten und Überlegungen kamen beide Stämme zum gleichen Schluss: Das unbekannte Ding war mit hundertprozentiger Sicherheit ein Kirschkern. Der Kern, der – einmal eingegraben – zu einem echten Kirschbaum heranwachsen und viele leckere Kirschen mit vielen neuen Kernen tragen würde. Daraus würden einst noch mehr Bäume mit noch mehr Kirschen wachsen. Beide Völker begannen von einer riesigen Kirschbaumplantage zu träumen …

Es gab nur ein Problem: der Kern war genau auf die Grenze gefallen. Keine Seite konnte ihn ganz besitzen. Und keine war bereit, auf ihren Teil zu verzichten. Die Lage spitzte sich zu.

Gleichzeitig versuchten Bicornis und Carabus in einer Geheimaktion, den Kern auf die eigene Seite zu ziehen. Der Kern rührte sich nicht vom Fleck.
Da versammelte der Anführer der Carabus sein Volk um sich und gab mit lauter Stimme bekannt, die Bicornis hätten den halben Kern stehlen wollen.
Das Oberhaupt der Bicornis behauptete dasselbe von den Carabus. Dass sie selber auch versucht hatten, den Kern zu klauen, verschwiegen beide.
„Wir müssen kämpfen!", riefen die Anführer. „Kämpfen, um uns zu rächen. Kämpfen, um diesen Kern für uns allein zu haben!"
Weder das Volk der Carabus noch die Bicornis waren begeistert von der Idee. Doch schließlich gaben sie nach. Seinem Oberhaupt hat man zu gehorchen, dachten sie.Von nun an waren beide Stämme Feinde.
Erfinderisch bereiteten sie sich auf den Angriff vor.
Sie formten Sprengkörper aus gekneteter Erde, bauten treffsichere Wurfmaschinen, zogen Rüstungen aus Nussschalen und Ebenholz an und schmiedeten unzerstörbare Rückenpanzer und Schilder.

Immer neue Kanonen und Gewehre, immer fantastischere Kriegsmaschinen wurden entwickelt. Kluge Gelehrte heckten die verrücktesten Angriffspläne aus. Sie maßen jeden Zentimeter ihres Landes aus und merkten sich jeden Stein und jedes Grasbüschel, das in der Schlacht von Bedeutung sein könnte. So vergingen die Jahre. Nach dem Kirschkern schaute keiner mehr. Aber noch immer rüsteten Bicornis und Carabus für die entscheidende Schlacht. Unermüdlich schaufelten sie Gräben und Tunnels und legten unterirdische Gänge an, um unbemerkt ins feindliche Gebiet einzudringen. Endlich waren beide Stämme kriegsbereit. Sie marschierten an der Grenze auf. Als die Anführer gerade den Befehl zum Angriff geben wollten, merkten sie plötzlich … dass sich der Kirschkern verwandelt hatte. Er hatte sich selbst eingegraben, hatte Wurzeln geschlagen und war zu einem blühenden Kirschbäumchen herangewachsen. Sosehr Carabus und Bicornis auch überlegten: Sie fanden keinen Grund mehr sich zu bekämpfen. Der Baum war auf der Grenze gewachsen, und seine Äste ragten gleichmäßig ins eine wie ins andere Land. Die Früchte dieses Baumes würden sich beide Stämme teilen können. Man erzählt sogar, dass auf diesem kleinsten Fleck der großen Erde Bicornis und Carabus zusammen so viele Kirschkerne gepflanzt haben, dass schließlich eine riesige Kirschbaumallee die alte Grenze ersetzte.

Isabel Pin

Werkstatt 171|183 Werkstatt 185

Die Gemeinde

Gemeinde bedeutet, dass eine Gemeinschaft von Menschen an einem Ort lebt und eigene Rechte hat.
Die Wohngemeinde kann ein Dorf oder eine Großstadt sein.
In einer Gemeinde haben die Bürger das Recht, ihre Angelegenheiten selbst zu regeln. Das geschieht durch Gesetze.

In der Gemeindeordnung steht,
- welche Rechte und Aufgaben die Gemeinden haben,
- welche Steuern und Abgaben die Gemeinde verlangen darf,
- wie viel Geld die Gemeinde ausgeben darf und vieles andere.

So ist eine Gemeinde aufgebaut:

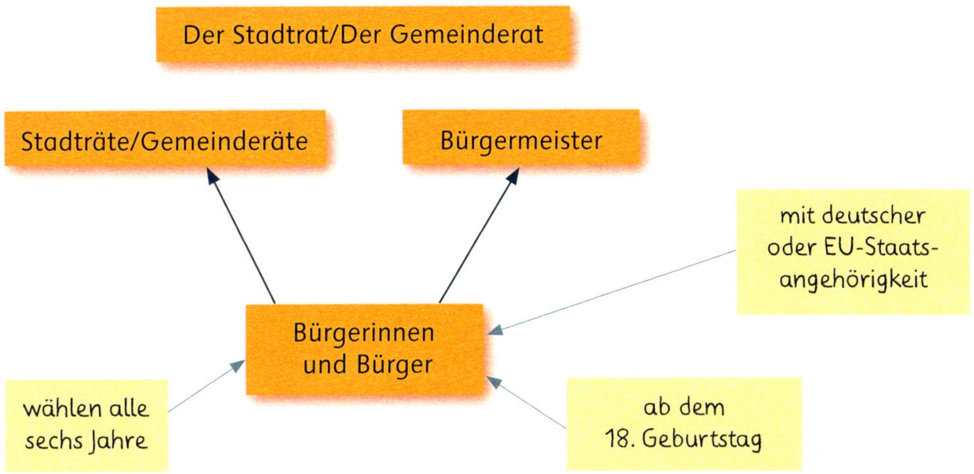

In jeder Gemeinde gibt es Einrichtungen, die für das Leben dort wichtig sind: Schulen, Schwimmbäder, Krankenhäuser, Sportstätten, Theater und auch Kommunalbetriebe, die sich um Verkehrseinrichtungen, Gas-, Wasser-, Elektrizitätsversorgung, Straßenreinigung, Müllabfuhr kümmern.

Das Rathaus ist der Sitz des Bürgermeisters. Je nach Größe der Gemeinde gibt es verschiedene Ämter: die allgemeine Verwaltung, das Pass- und Meldewesen, Standesamt (für Heiraten, Geburten und Sterbefälle), Kultur und Sport, Bauverwaltung, Sozial- und Jugendamt und andere.

Lies das Schaubild. Wie ist eine Gemeinde aufgebaut? Erkläre.

Bringe Zeitungsberichte über deine Gemeinde mit.

Was ist denn Demokratie?

Die Idee zur Demokratie ist schon 2500 Jahre alt. Sie stammt aus Griechenland – genau wie das Wort selbst. Übersetzt heißt es: „Herrschaft des Volkes". Die Idee: Alle Menschen dürfen bei politischen Entscheidungen mitbestimmen.
Damals in Griechenland sah das so aus: Mehrere Tausend Bürger der Stadt Athen trafen sich auf einem Hügel zur Volksversammlung. Dort stimmten sie zum Beispiel über neue Gesetze ab und wählten Beamte. Jeder, der wollte, durfte etwas sagen und versuchen, andere von seiner Meinung zu überzeugen.
Heute sieht Demokratie anders aus. Die Menschen in Deutschland werden in der Regel nicht direkt zur Mitbestimmung aufgefordert. Sie wählen stattdessen Volksvertreter, die sich für ihre Interessen stark machen. Die Volksvertreter diskutieren im Parlament und beschließen Gesetze. Dabei entscheidet die Mehrheit.
Wichtig: Die Wahl gilt nur für eine bestimmte Zeit. Dann kann das Volk neu entscheiden. Neben Wahlen gehört aber noch mehr zur Demokratie. Etwa, dass alle Bürger die gleichen Rechte haben und ihre Meinung frei sagen dürfen.
Außerdem dürfen die Regierung, das Parlament und die Behörden nicht einfach machen, was sie wollen. Auch der Staat muss sich ans Gesetz halten.

Nicht nur Zeitungen informieren uns.

Witze

„In unserer Familie", sagt Sabine zu ihrer Freundin, „darf man geteilter Meinung sein!"
„Deine Eltern sind aber ganz schön modern." –
„Nein, eher im Gegenteil: Die Eltern haben ihre Meinung, und die sollen alle anderen gefälligst teilen ..."

Der Bürgermeister sagt zu seiner Sekretärin:
„Was muss ich denn heute bei der Einweihung des Tennisplatzes eigentlich machen?" –
„Ach nichts Besonderes! Schneiden Sie einfach nur ganz feierlich das Netz durch."

Der Portier im Hotel sagt bedauernd zu einem Reisenden:
„Tut mir leid, wir haben kein Zimmer mehr frei."
„Aber hätten Sie denn noch eines frei, wenn die Bundeskanzlerin käme?"
„Natürlich, für die Bundeskanzlerin haben wir immer ein Zimmer frei."
„Gut, dann nehme ich das. Die Bundeskanzlerin kommt nämlich nicht..."

Die Bundesrepublik Deutschland

Ein Staat ist ein selbstständiges Land mit einer eigenen Regierung. Die Menschen, die in einem Staat wohnen, sind seine Staatsbürger.
Jedes Bundesland hat eine eigene Hauptstadt, ein eigenes *Parlament* und eine eigene Regierung. Die Bundesländer haben eine Vertretung in Berlin, den Bundesrat.
In einer Demokratie bestimmt das Volk selbst, wer regieren darf. Alle haben die gleichen Rechte und Pflichten. Das Gegenteil von einer Demokratie ist eine Diktatur. In ihr herrschen wenige über alle.

Von 1949 bis 1990 bestand Deutschland aus zwei Staaten: der Bundesrepublik Deutschland im Westen und der DDR (Deutsche Demokratische Republik) im Osten.
Weil Deutschland 1939 den Zweiten Weltkrieg angefangen und schließlich verloren hatte, besetzten amerikanische, englische und französische Soldaten den westlichen Teil des Landes und einen Teil von Berlin. Den östlichen Teil Deutschlands besetzten sowjetrussische Soldaten.
Die Bundesrepublik wurde eine *Demokratie*, die DDR eine *Diktatur*. Die beiden deutschen Staaten gingen über 40 Jahre lang getrennte Wege. Doch am 3. Oktober 1990 vereinigten sie sich wieder zu einem gesamtdeutschen Staat.
Aus der ehemaligen DDR wurden 5 neue Bundesländer, die nun zusammen mit den 10 alten Bundesländern und dem Land Berlin als Bundeshauptstadt die Bundesrepublik Deutschland bilden.

Kurt Sontheimer

Wieviele Bundesländer gibt es? Lies den letzten Abschnitt genau.

Schlage im Lexikon nach:
Was ist eine Diktatur?
Was ist eine Demokratie?
Was ist ein Parlament?

Das Bundesland Bayern ist wiederum in Regierungsbezirke unterteilt. Welche bayerischen Regierungsbezirke gibt es?

Mutter geht in die Politik

Sabines und Michaels Mutter ist eine energische Frau und macht viele Dinge auch außer Haus.
Vor einiger Zeit hat die Mutter sich vorgenommen, in die Politik zu gehen und selbst mitzubestimmen, wie der Staat aussehen soll, in dem sie und ihre Familie leben.
Das ist bei uns in der Bundesrepublik möglich, denn unser Staat ist ja eine Demokratie. Jeder Bürger hat das Recht, sich für Politik zu interessieren und zu sagen, was er will. Damit seine Meinung größeres Gewicht bekommt, kann er sich mit anderen zusammentun, die ähnlich denken wie er. Er wird dann Mitglied in einer politischen Partei. Mutter war schon vor einigen Jahren einer Partei, die sie gut fand, beigetreten. Sie war seitdem regelmäßig zu Versammlungen gegangen und hatte in der Partei mitgearbeitet, so gut sie konnte.
Schließlich wurde sie Kandidatin ihrer Partei für die Wahl zum Bundestag und nahm am Wahlkampf teil.
Seitdem war sie viel unterwegs. Sie musste viele Reden halten und Fragen der Bürger beantworten. Das war anstrengend, aber sie konnte gut reden und für ihre Partei werben. In den letzten Wochen vor der Wahl standen auch Sabine und Michael oft samstags mit ihrer Mutter am Wahlstand in der Fußgängerzone.
Sie verteilten Luftballons, Fähnchen und Anstecker mit dem Namen der Partei.
Das machte Spaß. Sabine entdeckte Mutters riesengroßes Bild auf den bunten Plakatwänden. Sie war stolz darauf, dass ihre Mutter jetzt bekannt wurde.
Durch den Wahlkampf hatte Frau Wagner

allerdings nun viel weniger Zeit für Sabine und Michael als früher.

„Der Wahlkampf ist notwendig", erklärte ihnen die Mutter eines Nachmittags, als sie endlich wieder einmal gemütlich zu Hause zusammensaßen.

„Meine Partei und ich wollen nämlich möglichst viele Menschen davon überzeugen, dass das, was wir denken, für unseren Staat und seine Bürger richtig und gut ist. Im September ist Wahltag. Dann dürfen alle Bürger, die mindestens 18 Jahre alt sind, eine Partei und ihre Vertreter wählen."

„Aber warum müsst ihr denn die anderen erst überzeugen, wenn ihr sowieso das Beste für alle wollt?", wunderte sich Sabine. Die Mutter sagte: „Weil sich die Menschen nicht immer darüber einig sind, was für alle das Beste ist. Wisst ihr noch, wie lange es gedauert hat, bis die Straße vor unserem Haus endlich eine Spielstraße wurde? Wir hier wollten, dass ihr und die vielen anderen Kinder in der Straße in Ruhe spielen könnt, und haben deshalb beantragt, dass die Straße verkehrsberuhigt wird. Aber die Autofahrer wollten lieber schnell durch unsere Straße fahren, statt einen Umweg zu machen. Wir hatten also ganz andere Interessen als die Autofahrer. Ähnlich ist es auch in der Politik." Die Mutter erklärte weiter: „Es muss deshalb in der Politik mehrere Parteien geben, die die unterschiedlichen Interessen der Menschen vertreten. Jeder Wähler kann sich die Partei aussuchen, die seinen Vorstellungen am ehesten entspricht. Und die Partei, für die sich die meisten entschieden haben, kommt an die Regierung. Sie hat die Wahl gewonnen, weil sie die Mehrheit der Stimmen bekommen hat.

Erhält eine Partei nicht genügend Stimmen, um alleine regieren zu können, kann sie mit anderen Parteien eine Mehrheit bilden. Das nennt man eine Koalition."

Michael wollte wissen: „Und was geschieht mit den Parteien, die nicht genug Stimmen bekommen haben, um an die Macht zu kommen?"

„Sie sind deshalb nicht überflüssig", sagte die Mutter. „Diese Parteien können zwar nicht mitregieren, aber sie kommen auch in den Bundestag, wenn sie mindesten 5 Prozent der abgegebenen Stimmen erhalten haben. Sie bilden dort die Opposition. Ihre Aufgabe ist es, die Schwächen und Fehler der Regierung herauszufinden, bekanntzumachen und Vorschläge zu erarbeiten, wie man es besser machen kann."

„Schade, dass wir als Kinder noch nicht wählen dürfen", meinten Michael und Sabine. Sie hätten so gerne der Mutter ihre Stimme gegeben. Jetzt, kurz vor dem Wahltag, waren sie gespannt, wie die Wahl ausgehen würde. Eines interessierte sie vor allem: Ob Mutter gewählt würde?

Kurt Sontheimer

Wenn du Politiker oder Politikerin wärst, was würdest du alles ändern? Stell dir vor, du könntest eine eigene Partei gründen. Wie hieße sie und was für Ziele hätte sie?

Aus alter Zeit: Schwänke, Sagen und Legenden

Turnier zu Landshut

Zu Landshut in dem Schlosse schallt
Der Hochzeit Jubel laut,
Des Polenkönigs Tochter ward
Dem Herzog angetraut.

Da fanden sich von nah und fern
Der tapfern Ritter viel
Auf Rossen hoch und blank in Stahl
Zum edlen Waffenspiel.

Vor allem war ein Ritter stark
Vom Polenlande her?
Der führt den Degen so behend
Und schwang so leicht den Speer.

Durch einen Herold macht er kund:
Wer ihn besiegen wollt',
Der möge tausend Gulden bar,
Empfah'n des Sieges Gold.

Doch keinen von den Herren all
Gelüstet nach dem Geld,-
Da springt erzürnt ein Herzog auf:
Herr Christoph war der Held.

Und mächtig schwingt er seinen Speer
Zum Kampf mit starker Hand,
Ein Stoß – es lag der Polenheld
Getroffen in dem Sand.

Da bliesen die Trompeten hell
Zu Herzog Christophs Ehr,
Es war kein Held im Bayernland
So ritterlich wie er.

Erzähle vom Ritter Christoph.

Aus alter Zeit:
Sammelt Geschichten aus alter Zeit aus euerer Heimat.

Werkstatt 175

Der Dürner. Heidelberger Liederhandschrift / Codex Manesse, um 1310-1340

Uns ist in alten mæren wunders vil geseit
von helden lobebæren, von grôzer arebeit,
von fröuden, hôchgezîten, von weinen und von klagen,
von küener recken strîten muget ir nu wunder hœren sagen.

So hat man gesprochen, als das Bild gemalt wurde.

Till bringt einem Esel das Lesen bei

In Erfurt gab es eine berühmte Universität. Und in dieser Stadt klebte Till seine Zettel an die Türen: „Ich bin ein berühmter Gelehrter und kann alle Fragen beantworten, auf die kein anderer eine Antwort weiß.“

Der Rektor rief Till zu sich: „Du behauptest, du seist ein gelehrter Mann. Dann kannst du sicherlich auch allen lebendigen Wesen das Lesen und Schreiben beibringen!“
„Jaha“, sagte Till, „das kann ich.“
„Das ist gut! Denn ich werde dir einen jungen Esel als Schüler anvertrauen.
Bringst du auch einem Esel das Lesen und Schreiben bei?“
„Natürlich!“, sagte Till. „Aber dafür brauche ich viel Zeit.
So ungefähr zwanzig Jahre!“
Denn er dachte bei sich: In dieser Zeit wird der Rektor vielleicht sterben, dann muss ich die Aufgabe nicht erfüllen. Oder es stirbt der Esel, dann hat sich die Aufgabe auch erledigt. Und sterbe ich während der zwanzig Jahre, kann es mir sowieso egal sein, ob der Esel lesen lernt.
Till forderte viel Geld für seinen Unterricht und die Gelehrten gaben ihm einen guten Vorschuss.
Till nahm den Esel an die Leine und brachte ihn in seine Herberge.
Dort führte er ihn in den Stall. In die Futterkrippe legte er ein altes Buch und streute zwischen dessen Seiten Hafer.
Denn Till wusste: Hafer fressen Esel besonders gern.

Als der Esel die leckere Speise roch, schnupperte er im Buch herum. Er fand zwischen den Buchseiten Haferkörner, fraß sie und drehte mit dem Maul nun Seite um Seite um. Denn er meinte, dass auch da Hafer versteckt sein könnte. Zwischen manchen Seiten aber lag kein Hafer, dann rief der Esel ganz enttäuscht: „I-aaah, Iaaah!“
Wie gut das klappte! Till freute sich und er ging zum Rektor der Universität. „Kommt mit und überzeugt Euch, wie fleißig das Eselchen lernt! Es kennt schon so manchen Buchstaben!“ Also gingen der Rektor und einige seiner Kollegen zum Stall, um zu sehen, wie gut der Esel schon lesen konnte.
Den ganzen Tag hatte das Tier nichts zu fressen bekommen. Und als Till nun ein Buch ins Heu legte, da hoffte der Esel auf eine leckere Hafer-Mahlzeit. Er stupste mit seinem Maul die Seiten um – aber da lag kein Hafer! „I-aaah, I-aaah“, rief der Esel enttäuscht bei jeder Seite, die er umblätterte.
„Seht ihr?“, rief Till. „Die beiden Buchstaben I und A kennt das Eselchen schon!“ Die Gelehrten nickten stumm und waren erstaunt darüber, wie schnell ein Esel lernen kann.
Der Rektor, der schon sehr alt war, starb kurze Zeit darauf.
Till war erleichtert: Nun war er endlich wieder frei. Von dem Geld, das man ihm für den Unterricht gegeben hatte, lebte er eine Weile in Saus und Braus. Seinen langohrigen Schüler brachte er auf eine Weide, wo das Tier glücklich und zufrieden Gras, Disteln und ab und zu sogar Hafer fressen konnte.

Elke Leger

Suche weitere Till Eulenspiegel-Geschichten.
Was ist das Besondere an Till?

Der Gangolfsborn

St. Gangolf, der ein Reitersmann war, streifte einst mit einem Begleiter durch die Rhön. Es war Sommerszeit, und die Sonne brannte glühend heiß auf Mensch und Tier herab. Die Reiter wurden von der Hitze hart gepeinigt und meinten verschmachten zu müssen. Als sie sich der Milseburg näherten, hofften sie, dort einen Brunnen zu finden und ihren Durst stillen zu können. Aber ihre Hoffnung war trügerisch. Da ritten sie zu Tal, um Wasser zu suchen, und fanden endlich eine starke Quelle, die in einem Garten aus der Erde sprang. Der Eigentümer des Gartens aber war ein geiziger Kerl, dem auch die Not nicht zu schlecht war, um Münze daraus zu schlagen. Er wollte den Reitern nur gegen Bezahlung Wasser geben, weshalb ihm St. Gangolf einen Helm voll abkaufte. Mit der köstlichen Flut stillte er seinen und seines Begleiters Durst. Den Rest des Wassers aber nahm er mit.
Sie ritten die Milseburg wieder hinan, und als sie in halber Höhe des Berges waren, schüttete St. Gangolf den Helm am Wege aus und flehte inständig zu Gott, er möchte das Wasser hier fortrinnen lassen zu einem Labsal für alle durstigen Wanderer. Das Gebet des frommen Mannes wurde erhört. Die Quelle im Garten des hartherzigen Geizhalses versiegte. An der Stelle aber, wo St. Gangolf seinen Helm ausgeschüttet hatte, entsprang dem Boden ein Quell erquickenden Bergwassers, der heute noch fließt und durstigen Wanderern kühle Labe spendet. Der Brunnen heißt bis zur Stunde der Gangolfsborn.

Paul Lang

Suche eine Legende aus deiner Heimat und erzähle sie.

Die Entstehung des Passionsspiels zu Oberammergau

Kurz nach dem Dreißigjährigen Krieg wurde Bayern von der Pest verwüstet. Da beschlossen die Bürger von Ammergau, dass niemand über die Berge, welche das Tal vom übrigen Land trennen, hereingelassen werden sollte.

Das Gebot wurde bis zum Kirchweihfest streng gehalten. Aber ein Tagelöhner aus Ammergau, der seit Monaten in Eschenlohe jenseits des Ettaler Berges arbeitete, sehnte sich, die Feiertage bei seiner Familie zu verbringen, und schlich sich über Nacht durchs Gebirge. Drei Tage später schon starb er. Und die Pest breitete sich von seiner Hütte über das ganze Tal aus.
Die Ammergauer wandten sich in ihrer Not an Gott und taten ein Gelübde: Wenn das Pestübel von ihnen genommen würde, wollten sie alle zehn Jahre mit großer Feierlichkeit die Leidensgeschichte des Erlösers in einem Theaterspiel darstellen.
Ihr Gebet wurde erhört und wie durch ein Wunder hörte das Sterben auf.
Im nächsten Jahr schon stellten die Ammergauer auf dem großen Theater die Passionsgeschichte nach der Weise der alten Mysterienspiele dar.
Seitdem wird das Schauspiel regelmäßig wiederholt und mit den vielen Zuschauern kam auch viel Geld ins Tal.

Rudolf Herfurtner / Frederik Hetmann

Finde noch mehr über die Passionsspiele in Oberammergau heraus.

Serpentina von Dinkelsbühl und der schöne Heinrich

In Dinkelsbühl lebte einmal ein reicher Hopfenhändler, der einen sehr tugendhaften Sohn hatte, den man den schönen Heinrich von Dinkelsbühl nannte. Der liebte die Tochter des hochmütigen Bürgermeisters, hatte aber keine Hoffnung, seine Serpentina jemals zur Frau zu bekommen, weil dem Bürgermeister kein Freier vornehm genug war.
Als nun Heinrich seinem Vater von seinem Kummer erzählte, sagte der Vater: „Ich weiß, dass der Bürgermeister sehr habgierig ist. Und haben wir schon keine vornehmen Ahnen, so werden ihn doch tausend Schock harte Taler überzeugen können."
Und wirklich. Als der Hopfenhändler in seinem Sonntagsrock beim Bürgermeister vorsprach, da war man sich schnell einig und begann sogleich mit den Vorbereitungen zur Hochzeit.
Da traf den Hopfenhändler aber der Schlag und er starb.
Und Heinrich fand in den Geschäftsbüchern nur eine Liste von Schulden.
Da stand er nun, der arme, schöne Heinrich. Die Schuldner kamen einer nach dem andern und wollten ihr Geld und Heinrich konnte nicht zahlen. Natürlich kündigte ihm der Bürgermeister die Heirat auf, und endlich sah der arme Heinrich keinen Ausweg mehr, als aus seiner Vaterstadt wegzugehen. Serpentina war sehr traurig, aber sie konnte ihm nur ihre Segenswünsche mit auf den Weg geben.
Heinrich wollte nach Nürnberg. Auf dem Hesselberg machte er noch einmal Halt und schaute zurück auf die Türme von Dinkelsbühl.
Da sah er plötzlich eine himmelblaue Schlange mit einem goldenen Gürtel um den Leib und einer Krone auf dem Kopf.
Und weil die Schlange so schön war, streichelte Heinrich sie und dachte dabei an seine Serpentina. Da verschwand die Schlange und eine schöne Frau stand neben ihm und fragte ihn nach seiner Geschichte.
Heinrich war ziemlich erschrocken, aber er erzählte sein Missgeschick.
Und als er fertig war, lachte die Frau und sagte, sie wolle ihm helfen.
Sie stieß mit dem Fuß an einen Stein und sogleich öffnete sich eine Tür im Berg. Sie stiegen eine lange Treppe hinunter und kamen in einen großen Saal, der mit tausend Wachskerzen erleuchtet war.
Von da führte ihn die schöne Frau noch in einen zweiten Saal, der noch prächtiger war als der erste. Der Saal war voller Kisten, die mit großen Goldstücken angefüllt waren.

„Leere dein Säckle aus“, sagte die Frau zu Heinrich, „und fülle es mit Gold. Nimm, so viel du tragen kannst.“ Und dann gab sie ihm noch einen Myrtenkranz aus Gold und Edelsteinen und eine orientalische Perlenkette als Schmuck für seine Braut Serpentina. Heinrich bedankte sich und ließ sich ihre Geschichte erzählen:
„Mein Vater war der Ritter Arno, ein zügelloser Mensch, der einen Bund mit dem Teufel eingegangen war. Als meine Mutter davon erfuhr, betete sie Tag und Nacht für ihn. Da erschien ihr eines Tages die Mutter Gottes und sagte ihr, wenn deine Tochter nie der Liebe eines Mannes folgen, sondern ihr Leben Gott weihen wird, so soll dein Mann von der Verdammnis frei sein.
Meine Mutter versprach der heiligen Maria mich ins Kloster zu geben. Aber als ich älter wurde, brach ich das Gelübde und verliebte mich in den Ritter Benno von Lenkersheim und verlobte mich mit ihm.
Da spaltete sich der Berg und verschlang das Schloss und alles, was darin war. Mein Vater wurde von den Höllengeistern in die Luft davongetragen und ich in eine Schlange verwandelt. Nun muss ich so lange ausharren, bis die Goldkisten leer sind, aber ich darf nur alle fünfzig Jahre jemandem helfen wie dir.
Nun gehe in deine Vaterstadt und kaufe dein Erbe zurück. Dann gehe in das Geschäftszimmer deines Vaters, dort hängt ein Ölgemälde. Dahinter wirst du einen Schrank finden, in dem alle Schulddokumente deines Vaters liegen. Löse sie ein, damit auch die Ehre deines Vaters gerettet wird. Für mich lasse tausend Seelenmessen lesen.“
Dann führte ihn die schöne Frau aus der versunkenen Burg und war verschwunden. Heinrich ging nach Dinkelsbühl zurück, trat sein Erbe an und Serpentina, die schöne Bürgermeisterstochter, wurde bald seine Frau.
Als sie starben, stifteten sie ein Waisenhaus und bestimmten, dass alle Jahre an ihrem Todestag die Waisenkinder ein Fest feiern sollten.
Dieses Kinderfest hat sich noch lange erhalten.

Rudolf Herfurtner / Frederik Hetmann

Die Geschichte stammt aus alter Zeit.
Woran erkennst du das?

Die Schildbürger bauen ein Rathaus

Der Plan, das neue Rathhaus nicht viereckig, sondern dreieckig zu bauen, stammte vom Schweinehirten. Er hatte den schiefen Turm von Pisa erbaut, der mittlerweile eine Sehenswürdigkeit geworden war, und erklärte stolz: „Ein dreieckiges Rathaus ist noch viel sehenswerter als ein schiefer Turm. Deshalb wird Schilda noch viel berühmter werden als Pisa!“
Die andern hörten das mit großem Behagen. Denn auch die Dummen werden gern berühmt. Das war im Mittelalter nicht anders als heute.
So gingen also die Schildbürger schon am nächsten Tag morgens um sieben an die Arbeit.
Und sechs Wochen später hatten sie die drei Mauern aufgebaut. In der dem Marktplatz zugekehrten Breitseite war ein großes Tor ausgespart worden. Und es fehlte nur noch das Dach. Nun, auch das Dach kam bald zu Stande, und am Sonntag darauf fand die feierliche Einweihung des neuen Rathauses statt.
Sämtliche Einwohner erschienen in ihren Sonntagskleidern und begaben sich, mit dem Schweinehirten an der Spitze, in das weiß gekalkte, dreieckige Gebäude.
Doch sie waren noch nicht an der Treppe, da purzelten sie auch schon durcheinander, stolperten über fremde Füße, traten irgendwem auf die Hand, stießen mit den Köpfen zusammen und schimpften wie die Rohrspatzen. Die drin waren, wollten wieder heraus. Die draußen standen, wollten unbedingt hinein. Es gab ein fürchterliches Gedränge! Endlich landeten sie alle, wenn auch zerschunden und mit Beulen und blauen Flecken, wieder im Freien, blickten einander ratlos an und fragten aufgeregt: „Was war denn eigentlich los?“

Da kratzte sich der Schuster hinter den Ohren und sagte: „In unserm Rathaus ist es finster!" – „Stimmt!", riefen die andern. Als aber der Bäcker fragte: „Und woran liegt das?", wussten sie lange keine Antwort. Bis der Schneider schüchtern sagte: „Ich glaube, ich hab's." – „Nun?" „In unserm neuen Rathaus", fuhr der Schneider bedächtig fort, „ist kein Licht!" Da sperrten sie Mund und Nase auf und nickten zwanzigmal. Der Schneider hatte Recht. Im Rathaus war es finster, weil kein Licht drin war!

Am Abend trafen sie sich beim Ochsenwirt, tranken ein Bier und beratschlagten, wie man Licht ins Rathaus hineinschaffen könne. Es wurden eine ganze Reihe Vorschläge gemacht. Doch sie gefielen ihnen nicht besonders.

Erst nach dem fünften Glas Braunbier fiel dem Hufschmied das Richtige ein. „Das Licht ist ein Element wie Wasser", sagte er nachdenklich. „Und da man das Wasser in Eimern ins Haus trägt, sollten wir's mit dem Licht genauso machen!" „Hurra!", riefen sie alle. „Das ist die Lösung!"

Am nächsten Tag hättet ihr auf dem Marktplatz sein müssen! Das heißt, ihr hättet gar keinen Platz gefunden. Überall standen Schildbürger mit Schaufeln, Spaten, Besen und Mistgabeln und schaufelten den Sonnenschein in Eimer und Kessel, Kannen, Töpfe, Fässer und Waschkörbe. Andre hielten große, leere Kartoffelsäcke ins Sonnenlicht, banden darin die Säcke geschwind mit Stricken zu und schleppten sie ins Rathaus. Dort banden sie die Säcke auf, schütteten das Licht ins Dunkel und rannten wieder auf den Markt hinaus, wo sie die leeren Säcke von Neuem aufhielten und die Eimer und Fässer und Körbe wieder vollschaufelten. Ein besonders Schlauer hatte eine Mausefalle aufgestellt und fing das Licht in der Falle.

So trieben sie es bis zum Sonnenuntergang. Dann wischten sie sich den Schweiß von der Stirn und traten gespannt durch das Rathaustor. Sie hielten den Atem an. Sie sperrten die Augen auf.

Aber im Rathaus war es noch genau so dunkel wie am Tag zuvor.

Es war ganz still geworden.

Sie schwiegen vor lauter Erbitterung.

Plötzlich rief der Schuster aufgeregt: „Da! Ein Lichtstrahl!"

Tatsächlich! Die Mauer hatte einen Riss bekommen, und durch ihn hindurch tanzte ein Streifen Sonnenlicht! Wie gebannt starrten sie auf den goldenen Gruß von draußen.

„O wir Esel!", brüllte da der Schweinehirt. „Wir haben ja die Fenster vergessen!" Dabei sprang er auf, fiel im Dunkeln über die Beine des Schmieds und schlug sich an der Tischkante drei Zähne aus.

So war es. Sie hatten tatsächlich die Fenster vergessen! Sie stürzten nach Hause, holten Spitzhacken, Winkelmaß und Wasserwaage, und noch am Abend waren die ersten Fenster fix und fertig. So wurden die Schildbürger zwar nicht wegen ihres dreieckigen Rathauses, sondern vielmehr durch die vergessenen Fenster berühmt.

Erich Kästner

Kennst du noch andere Schildbürgergeschichten? Erzähle sie.

Der Gaul in der Wiege

Sieh dir das Foto und die Überschrift an. Wovon könnte die Sage handeln?

In Memingen war vor alten Zeiten einmal die Frau des Hauses gestorben. Sie wurde, nachdem sie die übliche Zeit auf dem Totenbette gelegen, in herkömmlicher Weise begraben. Da man der reichen Frau aber ihre kostbaren Ringe und Schmucksachen mit ins Grab gegeben hatte, so erregten diese die Habsucht des Totengräbers, und um der Kleinodien habhaft zu werden, scheute er nicht vor einer Leichenplünderung zurück. Zu diesem Zwecke begab er sich in später Nacht mit Schaufel und Laterne auf den Friedhof, öffnete das Grab und stieg auf einer Leiter hinab. Als er aber den Sargdeckel weggehoben hatte und sich der Ringe bemächtigen wollte, siehe, da fing die Tote an sich zu bewegen, und richtete sich auf. Bei seinem schlechten Gewissen darob entsetzt, floh der Totengräber voller Schrecken davon, Leiter und Laterne zurücklassend. Die Frau aber, die nur scheintot gewesen war, stieg nun auf der Leiter aus dem Grabe herauf, nahm die Laterne und kehrte zum Hause zurück, wo sie Einlass begehrend am Glockenstrang zog. Der Ehemann öffnete im oberen Stock das Fenster und rief herab, wer noch zu so später Stunde läute und herein wolle. „Ja, ich, deine Frau! Mach nur auf!" Der Mann hätte sich lieber für gefoppt gehalten, wenn die Einlassbegehrende nicht so bestimmt auf ihrer Behauptung, sie sei ja sein Weib, bestanden und ihre Stimme nicht die bekannte gewesen wäre. Aber man hatte sie ja doch erst zu Grabe getragen, und so wusste der Mann nicht, wie ihm war; es kann ja nicht möglich sein, dachte er sich und sprach: „Sowenig, als mein Gaul in der Wiege liegt, sowenig bist du meine Frau." Da habe die Wiedergekehrte erwidert: „So wahr der Gaul in der Wiege liegt, so wahr bin ich sie!" Und siehe da, richtig lag in der Wiege ein Gaul zum Staunen der Angehörigen, die nun ob des wunderbar-lichen Ereignisses keinen Zweifel mehr hegten und die Wiedererstandene freudig aufnahmen. Die Frau lebte dann noch drei Jahre an der Seite ihres Mannes und gebar ihm sogar noch ein Kind. Zum Andenken aber an die wunderbare Rettung wurde hernach das genannte Wiegenbild an dem Hause angebracht. Als man in späterer Zeit das Bild einmal beseitigt hatte, soll in dem Hause allnächtlich Unruhe und Spuk sich bemerklich gemacht haben, wie man erzählt, und so hat man das Bild wieder neuerdings malen lassen, so, wie man es heute erblickt.

Hulda Eggart

Traum vom Schatz auf der Brücke

Da war einmal einer, dem hat geträumt, er solle nach Regensburg auf die Brücke gehen, da würde er reich.
Er ist hinausgegangen, Tag für Tag, zwei Wochen und darüber.
Da kam ein reicher Kaufmann zu ihm, der wunderte sich, was er alle Tage auf der Brücke mache, und fragte ihn, was er da suche.
Dieser antwortete: „Es hat mir geträumt, ich soll nach Regensburg auf die Brücke gehen, da würde ich reich werden."
„Ach", sagte der Kaufmann, „was redest du von Träumen, Träume sind Schäume und Lügen. Mir hat auch geträumt, dass unter jenem großen Baume", und er zeigte ihm den Baum, „ein großer Kessel mit Geld vergraben sei, aber ich achte nicht darauf, denn Träume sind Schäume."
Da ging der andere hin, grub unter dem Baum nach, fand einen großen Schatz und war reich.

Josef Guggenmoos

Vergleiche die beiden Texte.

Ein wütender Teufel

Im Inneren der Frauenkirche in München stolperst du gleich über den „Teufelstritt". Dazu erzählt man sich folgende Geschichte:
Der Dom war schon fast fertig, als der Teufel von dem Bau erfuhr. Er war sehr zornig darüber, dass in München noch eine Kirche gebaut werden sollte. Deshalb holte er seinen Freund, den Wind, zu Hilfe. Gemeinsam heckten sie einen Plan aus: Der Teufel wollte die noch nicht geweihte Kirche von innen her zerstören. Der Wind sollte sie von außen zu Fall bringen. Gesagt, getan: Der Teufel sprang in die Kirche hinein – und sah von seinem Platz aus kein einziges Fenster! Aus Schadenfreude darüber, dass eine Kirche ohne Fenster keine Menschen anlocken würde, stampfte er mit dem Fuß so fest auf, dass sich der Tritt in den Stein eingrub.
Später bemerkte er seinen Irrtum, als er die Scharen von Menschen sah, die in die Kirche strömten. Doch er konnte dem Dom nichts mehr anhaben, weil er inzwischen geweiht war. Der Sturm aber rast heute noch um die Frauenkirche. Er rüttelt und zerrt an dem Gebäude und versucht verzweifelt, die Frommen vom Betreten der Kirche abzuhalten.

Martina Gorgas

Wir und unsere Umwelt

Über die Erde

Über die Erde
sollst du barfuß gehen.
Zieh die Schuhe aus,
Schuhe machen dich blind.
Du kannst doch den Weg
mit deinen Zehen sehen.
Auch das Wasser
und den Wind.

Sollst mit deinen Sohlen
die Steine berühren,
mit ganz nackter Haut.
Dann wirst du bald spüren,
dass dir die Erde vertraut.

Spür das nasse Gras
unter deinen Füßen
und den trockenen Staub.
Lass dir vom Moos
die Sohlen streicheln und küssen
und fühl
das Knistern im Laub.

Steig hinein,
steig hinein in den Bach
und lauf aufwärts
dem Wasser entgegen.
Halt dein Gesicht
unter den Wasserfall.
Und dann sollst du dich
in die Sonne legen.

Leg deine Wange an die Erde,
riech ihren Duft und spür,
wie aufsteigt aus ihr
eine ganz große Ruh.
Und dann ist die Erde
ganz nah bei dir
und du weißt:
Du bist ein Teil von allem
und gehörst dazu.

Martin Auer

Gehe barfuß über eine Wiese oder laufe durch einen Bach. Was fühlst du?

Wir und unsere Umwelt:
Was kannst du tun, damit deine Umwelt ein Ort ist,
an dem man sich gern aufhält?

Das große Rasenstück. Albrecht Dürer, 1503

Albrecht Dürer hat viele Pflanzen eines Rasenstücks gemalt. Welche davon kennst du? Versuche mit Hilfe eines Lexikons die Namen der unbekannten Pflanzen herauszufinden.

Das magische Baumhaus

Wie alles anfing

Eines Tages tauchte ein geheimnisvolles Baumhaus im Wald von Pepper Hill in Pennsylvania auf. Philipp und seine Schwester Anne kletterten hinauf und entdeckten, dass es voller Bücher war. Die Geschwister fanden schnell heraus, dass es ein magisches Baumhaus war, mit dem sie zu all den Orten reisen konnten, die in den Büchern abgebildet waren. Alles, was sie tun mussten, war auf eines der Bilder zu deuten und sich zu wünschen, sie wären dort. Eines Tages fanden Philipp und Anne ein Buch über Ozeane und eine Schriftrolle im Baumhaus.

Das Riff

Eine sanfte Brise wehte zum Fenster herein. Seemöwen kreischten. Wellen plätscherten ans Ufer.
Anne nahm die Schriftrolle zur Hand. Sie rollte sie auseinander. Dann lasen sie und Philipp zusammen das Rätsel:

Bin wie ein Stein so rau,
so unscheinbar und grau.
Doch in mir liegt große Schönheit versteckt,
wer sie wohl zuerst entdeckt?
Was bin ich?

„Das werden wir herausfinden!“, sagte Anne. Sie und Philipp blickten zum Fenster hinaus. Das Baumhaus war nicht auf einem Baum gelandet. Es stand auf dem Boden.
„Warum ist der Boden hier so rosa?“, fragte Philipp.
„Keine Ahnung“, antwortete Anne. „Aber ich gehe gleich hinaus.“
„Ich möchte zuerst ein paar Nachforschungen anstellen“, sagte Philipp.
Anne kletterte aus dem Baumhaus. Philipp nahm das Ozean-Buch in die Hand und blätterte es durch. Bald schon hatte er das Bild einer rosafarbenen Insel entdeckt, umgeben von herrlich türkisfarbenem Wasser. Unter dem Bild stand:
Das ist ein Korallenriff. Korallen sind winzige Meerestierchen, deren Skelette nach ihrem Tod erhalten bleiben. Im Laufe vieler Jahrzehnte bilden sich aus diesen Skeletten Korallenriffe.

„Oh, Mann, winzige Skelette!“, rief Philipp. Er zog sein Notizbuch aus dem Rucksack und schrieb:
Millionen winziger Korallenskelette

„Philipp, komm schnell! Das musst du dir ansehen!“, rief Anne von draußen.

„Was denn?“

„Ich weiß nicht. Aber es wird dir gefallen!“, rief sie zurück.

Philipp warf sein Notizbuch und den Ozeanführer in den Rucksack.

Dann kletterte er aus dem Fenster.

„Ist es schon die Lösung des Rätsels?“, fragte er aufgeregt.

„Ich glaube nicht. Es sieht nicht gerade unscheinbar aus“, antwortete Anne.

Sie stand am Ufer neben einem merkwürdig aussehenden Gerät.

Philipp rannte über den unebenen Korallenboden, um diesen Gegenstand aus der Nähe zu betrachten.

Das Gerät befand sich zu einer Hälfte auf dem Riff, zur anderen Hälfte in dem klaren blauen Wasser. Es sah aus wie eine riesige weiße Blase mit einem großen Fenster.

„Ist das eine besondere Art von Boot?“, fragte Anne.

Philipp entdeckte eine Abbildung von dem Gerät in seinem Ozeanführer.

„Es ist ein Mini-U-Boot“, erklärte Philipp.

„Komm, steigen wir ein“, sagte Anne.

„Nein!“, rief Philipp entsetzt. Natürlich hätte auch er gerne gewusst, wie so ein U-Boot von innen aussieht. Doch er schüttelte den Kopf. „Das dürfen wir nicht. Es gehört uns nicht.“

„Ach komm, wir werfen doch nur einen Blick hinein“, sagte Anne. „Vielleicht hilft uns das bei der Lösung des Rätsels.“

Philipp seufzte. „Na schön, okay. Aber wir müssen aufpassen. Du darfst nichts anfassen", sagte er warnend.

„Keine Angst“, versprach ihm Anne.

Dann tapsten sie vorsichtig über das Korallenriff.

Anne drehte den Griff an der Luke des Unterseebootes. Die Tür ließ sich mühelos öffnen.

Sie und Philipp kletterten hinein.

Die Luke schlug hinter ihnen zu.

Das U-Boot war wirklich winzig.

Gegenüber dem großen Fenster befanden sich zwei Sitze. Vor den Sitzen war ein Schaltbrett mit einem eingebauten Computer angebracht.

Anne setzte sich.

„Hoppla!“, rief Anne plötzlich.

„Was ist los?“ Philipp blickte auf.

Aufgeregt deutete Anne auf den Computer-Bildschirm. Auf ihm war plötzlich eine Landkarte zu sehen.

„Was hast du gemacht?“, fragte Philipp.

„Ich? Nichts … Ich habe nur ein paar Tasten gedrückt“, sagte Anne kleinlaut.

„Was? Ich hatte dir doch gesagt, dass wir nichts anfassen dürfen!“, schimpfte Philipp.

Ein Gebläse sprang an. Das Mini-U-Boot machte einen Satz rückwärts.

„Nichts wie raus hier!“, rief Philipp. Er und Anne stürzten zur Luke. Philipp fasste nach dem Türgriff.

Doch es war bereits zu spät.

Das Mini-U-Boot glitt langsam vom Riff. Dann versank es lautlos in den Tiefen des Meeres.

„Was hast du jetzt nur wieder angestellt, Anne!“, rief Philipp. „Was hast du genau gemacht?“

„Ich habe nur auf den Knopf gedrückt, auf dem AN steht“, sagte Anne. „Dann ist der Bildschirm hell geworden. Und dann habe ich den Seestern angeklickt.“

„Das muss der Befehl sein, unter Wasser zu gehen“, sagte Philipp.

„Ja, und als nächstes war diese Karte zu sehen“, fuhr Anne fort.

„Okay, das ist die Karte des Riffs“, stellte Philipp fest. „Schau! Das Mini-U-Boot ist auch auf der Karte zu sehen. Es bewegt sich im Moment vom Riff weg.“

Anne drückte auf die Taste, auf der ein nach rechts zeigender Pfeil abgebildet war. Das Mini-U-Boot auf dem Bildschirm bewegte sich nach rechts. Auch das echte Mini-U-Boot bewegte sich nach rechts.

„Wir müssen zum Riff zurück“, erklärte Philipp

„Schau doch endlich mal hinaus“, sagte Anne. „Nur für einen kurzen Moment.“

Vor dem Fenster war eine verzauberte, farbenprächtige Welt zu sehen. Philipp kam sich vor, wie auf einem fremden Planeten.

„Delfine!“, rief Anne plötzlich.

Philipp blickte auf. Zwei Delfine starrten zum Fenster hinein. Sie klopften mit ihren Nasen an die Scheibe. Ihre Augen schimmerten hell. Sie schienen zu lächeln.

Philipp musste lachen. „Ich komme mir vor, als säßen wir in einem Aquarium und sie schauten uns an!“, sagte er.

„Hey, jetzt weiß ich die Lösung des Rätsels – Delfine!“, sagte Anne. „Sie sind grau und unscheinbar. Aber sie besitzen eine große innere Schönheit.“

„Du vergisst die Zeile ‚Rau wie ein Stein‘“, rief Philipp ihr in Erinnerung. „Die Haut der Delfine sieht mir eher glatt und glitschig aus.“

„Ach ja, stimmt“, sah Anne ein.

Die Delfine schlugen mit ihrer Schwanzflosse. Dann kehrten sie um und schwammen im türkisblauen, klaren Wasser davon.

Mary Pope Osborne

Welches Tier suchen Anne und Philipp?

Werkstatt 164

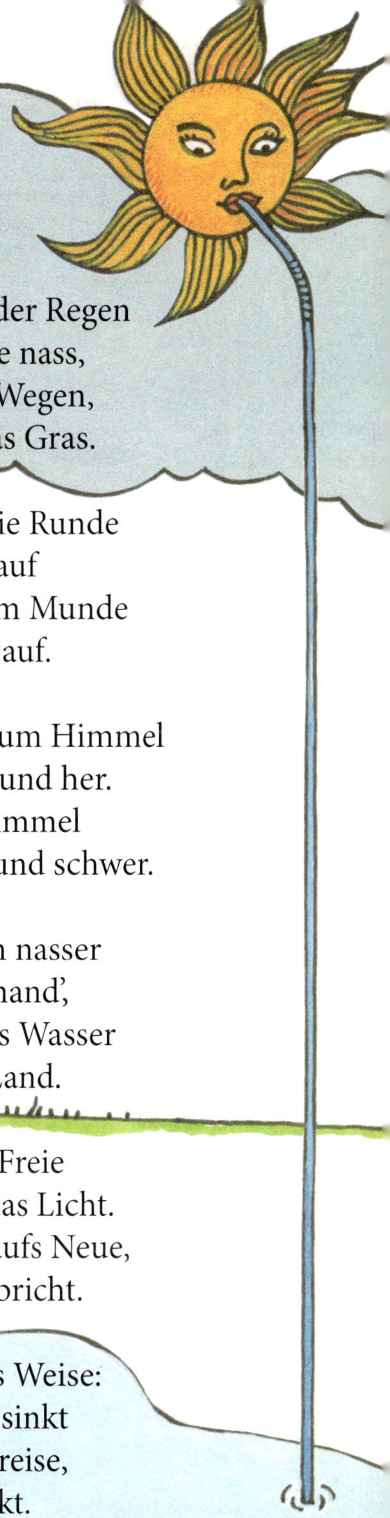

Das Wasser

Vom Himmel fällt der Regen
Und macht die Erde nass,
Die Steine auf den Wegen,
Die Blumen und das Gras.

Die Sonne macht die Runde
In altgewohntem Lauf
Und saugt mit ihrem Munde
Das Wasser wieder auf.

Das Wasser steigt zum Himmel
Und wallt dort hin und her.
Da gibt es ein Gewimmel
Von Wolken, grau und schwer.

Die Wolken werden nasser
Und brechen auseinand',
Und wieder fällt das Wasser
Als Regen auf das Land.

Der Regen fällt ins Freie
Und wieder saugt das Licht.
Die Wolke wächst aufs Neue,
Bis dass sie wieder bricht.

So geht des Wassers Weise:
Es fällt, es steigt, es sinkt
In ewig gleichem Kreise,
Und alles, alles trinkt.

James Krüss

Überlege, wie du den Gedichtvortrag mit passenden Bildern oder Bewegungen unterstützen kannst.

Am Teich

Bestimmte Tiere zeigen an, ob das Wasser sauber oder verunreinigt ist.

Wenn ihr häufig diese Tiere findet, deutet das auf sauberes Wasser hin:

Das Wasser ist nicht mehr klar, wenn ihr vermehrt diese Tiere findet:

Wer lebt an welchen Stellen des Teiches? Erzähle.

Werkstatt 173

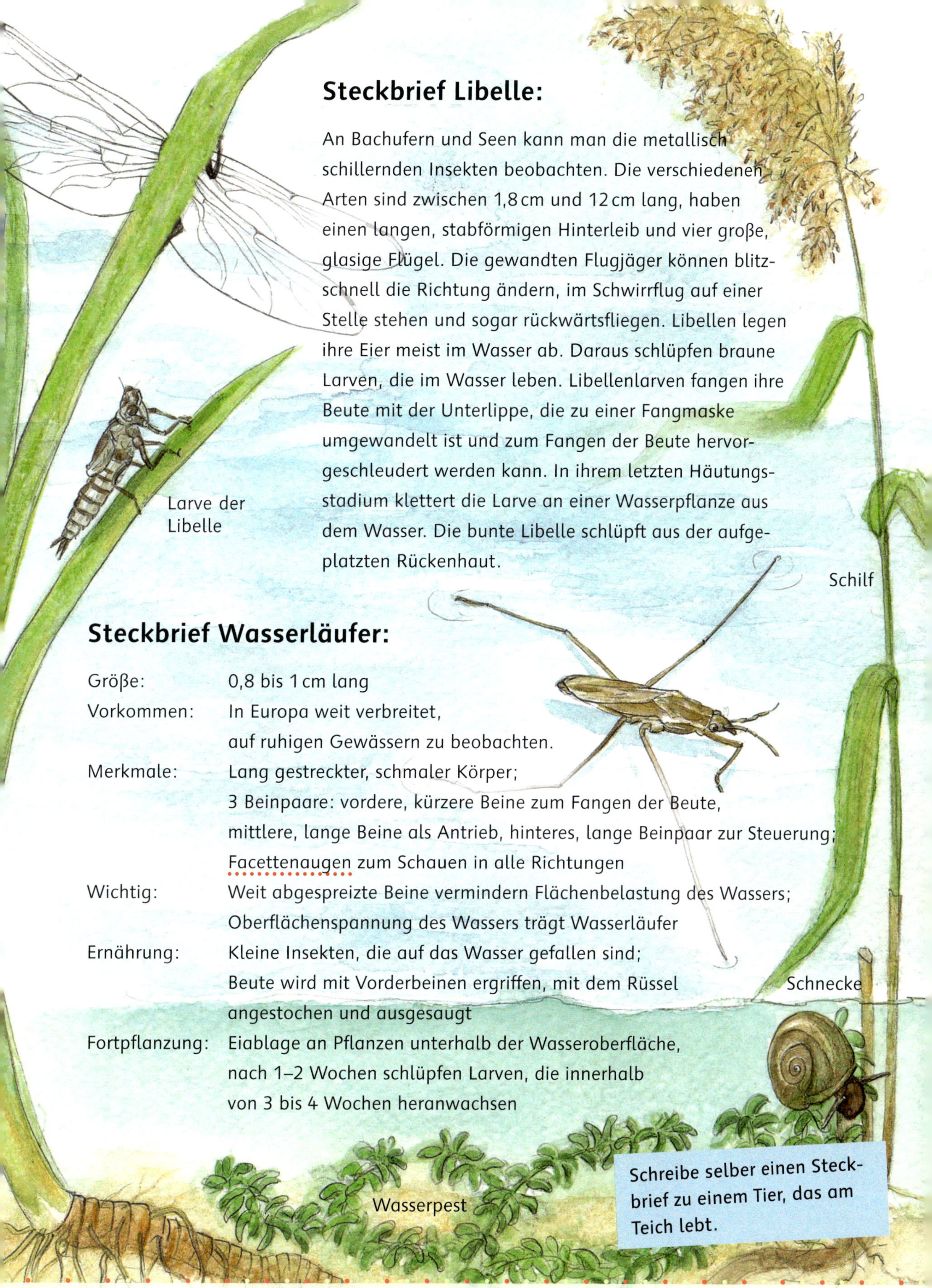

Steckbrief Libelle:

An Bachufern und Seen kann man die metallisch schillernden Insekten beobachten. Die verschiedenen Arten sind zwischen 1,8 cm und 12 cm lang, haben einen langen, stabförmigen Hinterleib und vier große, glasige Flügel. Die gewandten Flugjäger können blitzschnell die Richtung ändern, im Schwirrflug auf einer Stelle stehen und sogar rückwärtsfliegen. Libellen legen ihre Eier meist im Wasser ab. Daraus schlüpfen braune Larven, die im Wasser leben. Libellenlarven fangen ihre Beute mit der Unterlippe, die zu einer Fangmaske umgewandelt ist und zum Fangen der Beute hervorgeschleudert werden kann. In ihrem letzten Häutungsstadium klettert die Larve an einer Wasserpflanze aus dem Wasser. Die bunte Libelle schlüpft aus der aufgeplatzten Rückenhaut.

Steckbrief Wasserläufer:

Größe:	0,8 bis 1 cm lang
Vorkommen:	In Europa weit verbreitet, auf ruhigen Gewässern zu beobachten.
Merkmale:	Lang gestreckter, schmaler Körper; 3 Beinpaare: vordere, kürzere Beine zum Fangen der Beute, mittlere, lange Beine als Antrieb, hinteres, lange Beinpaar zur Steuerung; Facettenaugen zum Schauen in alle Richtungen
Wichtig:	Weit abgespreizte Beine vermindern Flächenbelastung des Wassers; Oberflächenspannung des Wassers trägt Wasserläufer
Ernährung:	Kleine Insekten, die auf das Wasser gefallen sind; Beute wird mit Vorderbeinen ergriffen, mit dem Rüssel angestochen und ausgesaugt
Fortpflanzung:	Eiablage an Pflanzen unterhalb der Wasseroberfläche, nach 1–2 Wochen schlüpfen Larven, die innerhalb von 3 bis 4 Wochen heranwachsen

Schreibe selber einen Steckbrief zu einem Tier, das am Teich lebt.

Hat Wasser eine Haut?

Mache die Oberflächenspannung sichtbar und forsche nach.

Du brauchst:
eine kleine Schüssel mit Wasser,
1 Büroklammer,
1 Tropfen Spülmittel,
etwas gemahlenen Pfeffer

So geht's:
- Fülle die Schüssel bis zum Rand mit Wasser.
- Lass vorsichtig die Büroklammer auf das Wasser gleiten. Nimm ein Papierblatt als „Rutschbahn" wenn es nicht klappt.
- Streue Pfeffer auf die Wasseroberfläche.
- Tropfe vorsichtig einen Tropfen Spülmittel in die Mitte der Schüssel.

Forsche nach.
Was passiert?
Warum?

Die Oberflächenspannung des Wassers kannst du zeigen, indem du ein Glas mit Wasser füllst – langsam immer voller, bis sich das Wasser über den Glasrand wölbt.

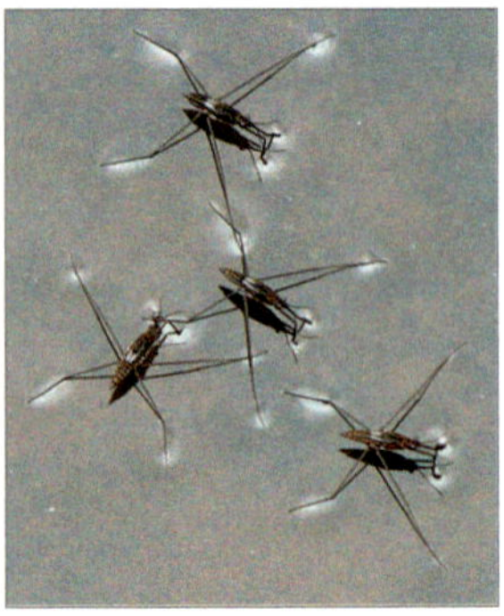

Viele Tiere wie der Wasserläufer oder die Listspinne machen sich die Oberflächenspannung zu Nutze, um ihre Beute – ins Wasser gefallene Mücken und Fliegen – aufzuspüren.

Was hat der Verbrauch von Geschirrspülmittel oder Seife mit dem Wasserläufer zu tun?
Forsche nach.

Werkstatt 168

http://www.

Erste Schritte Aktuelle Nachrichten

Home	Über unsere Schule	Klassen berichten über Projekte	Arbeitsgemeinschaften	Aktuelles/ Kontakte	1. Klassen 2. Klassen 3. Klassen 4. Klassen

Patenschaft für ein Stück Bach

Wir Kinder der Klasse 4 c sind Bachpaten geworden. Wir kümmern uns um ein Stück Bach in der Nähe unserer Schule. Bevor wir anfangen konnten, mussten ein paar Dinge geklärt werden.
Wem gehört der Bach?
Gibt der Besitzer die Erlaubnis, dass die Klasse das Gelände betritt?
Welche Arbeiten dürfen wir ausführen?
Mit der Gemeinde schlossen unsere Klasse und unsere Lehrerin Frau Meyer einen Vertrag. Darin wurden alle unsere Aufgaben festgelegt.
Dann konnte es losgehen.
Zuerst lernten wir die wichtigsten Tier- und Pflanzenarten unseres Baches kennen.
Gemeinsam mit Frau Meyer untersuchten wir in Gruppen einen Bachabschnitt.
Als Hilfe hatten alle eine Lupe und Bestimmungsbücher dabei. In einem Schraubglas mit Deckel nahmen wir Bachwasser mit in die Schule. Mit einem Mikroskop konnten wir nun auch die kleinsten Tiere sehen. Alle Ergebnisse wurden aufgeschrieben, Fotos dazugeklebt.
Als Nächstes wurden der Bach und das Ufer von allem gesäubert, was nicht dazugehört.
Alle paar Monate werden wir diese Aktion wiederholen, da nicht nur Müll im Bach landet.
Es müssen auch Zweige entfernt werden, damit das Wasser richtig fließen kann.
Jede Woche geht eine Gruppe unserer Klasse zu unserem Bach, um zu kontrollieren, ob alles in Ordnung ist. Die Ergebnisse des Besuches werden in ein Bachtagebuch eingetragen.
Natürlich sind wir alle ganz gespannt, ob sich durch unsere Pflege neue Tiere und Pflanzen an und in unserem Bach ansiedeln werden.

Suche eine andere Homepage, die über Umweltprojekte berichtet.

Wasser aus der Wasserleitung

Schon vor über 2000 Jahren überbrückten die *Römer* Täler, um ihr Trinkwasser aus den Bergen in ihre Städte zu leiten. Sie bauten dazu *Aquädukte*, die man auch noch heute an vielen Stellen in Europa sehen kann.
Die Stadt Rom wurde früher von mehr als zehn Aquädukten versorgt, die jeden Tag etwa 140 Kubikmeter Wasser lieferten.

In vielen Städten gibt es *Wassertürme*. Das sind hohe Gebäude mit einem Wasserbehälter im oberen Teil. Dieser Hochbehälter dient zur Speicherung von Wasser. Außerdem bleibt so der Druck im Wasserleitungsnetz gleich.

Der griechische Mathematiker *Archimedes* (287–212 v. Chr.) erfand eine *Schraubenpumpe* (archimedische Schraube), mit der man Wasser nach oben beförderte.
Noch heute werden z. B. in *Ägypten* auf diese Art Felder bewässert. Diese Schraubenpumpe eignet sich sehr gut zum Fördern großer Wassermengen über geringe Höhen.
So ist eine archimedische Schraube aufgebaut:
In einem Zylinder dreht sich eine Schraube.
Das untere Ende liegt im Wasser.
Durch Drehen wird das Wasser nach oben befördert.
Auch im Fleischwolf kommt die archimedische Schraube zur Anwendung.

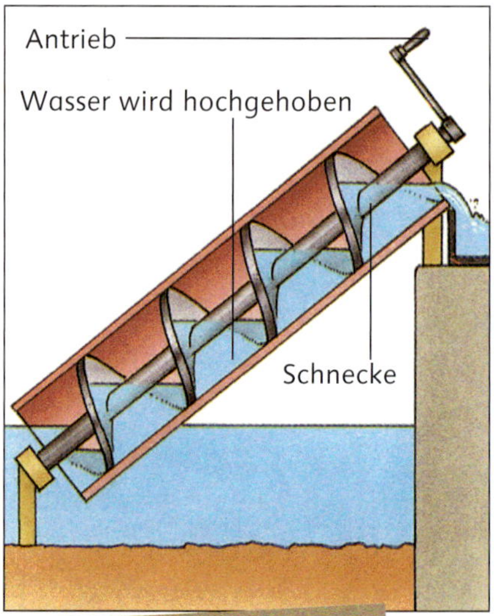

Suche weitere Informationen zu den kursiv gedruckten Begriffen (Lexikon, Internet, Sachbücher ...).

Nabou erzählt

Ich heiße Nabou und will euch von mir und meinem Dorf im Senegal erzählen. Toky heißt es und ist ungefähr 18 km von der nächsten Stadt, Diourbel, entfernt. Wir haben einen kleinen Bahnhof, wo einmal am Tag, meistens nachmittags, ein Zug vorbeikommt.
In meinem Dorf gibt es eine Schule. Diese Grundschule hat 3 Klassenräume. Ich gehe in die 4. Klasse und muss vor- und nachmittags zum Unterricht. Am Mittwochnachmittag und am Sonnabend ist bei uns keine Schule.
Mein Dorf ist reich. Ratet mal, warum! Weil es einen Brunnen hat, der auch im März, April, Mai und Juni reichlich Wasser gibt, wenn es bei uns heiß und staubtrocken ist.
Frauen und Mädchen aus den Nachbardörfern kommen zu unserem Brunnen. Einige sind über 10 km gelaufen.
Ich muss meistens morgens vor der Schule und abends Wasser holen. Oft gehen meine Mutter und meine Schwester mit. Der Weg ist ungefähr 500 m weit. Ist das eine Anstrengung, das Wasserholen!
Manchmal würde ich gerne in die Stadt gehen, wo es in den Häusern Wasserhähne gibt.
Da ist schnell ein Eimer Wasser voll.
Wir brauchen ziemlich viele Eimer Wasser zum Waschen, Kochen,

Trage zwei Eimer voll mit Wasser über den Pausehof, auf dem Sportplatz …

Abwaschen, Wäschewaschen und für unsere Hühner und Ziegen. Unsere Regierung in der Hauptstadt Dakar hat ausgerechnet, dass die Leute in den vielen Dörfern ungefähr 7 Liter am Tag für sich und ihre Tiere verbrauchen, die Leute in der Stadt aber 40 Liter. So gut möchte ich es auch haben!
Mein Vater erzählt, dass unsere Regierung 247 Tiefbrunnen bauen will, damit die Leute auf dem Lande nicht mehr so weit zum Wasserholen laufen müssen. Manche Brunnen müssen bis zu 600 m tief gebohrt werden. Unser Brunnen soll eine Handpumpe bekommen. Dann brauche ich den schweren Gummieimer nicht mehr so mühsam mit meiner Mutter zusammen hochzuziehen.
Zum Spielen habe ich nicht viel Zeit. Manchmal mache ich mit anderen Kindern zusammen auf leeren Schüsseln laute Musik. Ich sticke auch gern mit bunten Fäden.
Ich lebe gern in unserem Dorf Toky.

Werkstatt 171|179

Überschwemmungen

Stell dir vor, du stehst bis zur Hüfte im Wasser und alles, was du besitzt, wird weggeschwemmt. Das geschieht fast jede Woche irgendwo auf der Welt. Manche Überschwemmung ist ein natürlicher Vorgang, der sogar nützlich sein kann. Aber die meisten Überschwemmungen richten schlimme Schäden an und sie werden immer bedrohlicher, denn sehr viele Menschen leben in flutgefährdeten Gebieten, und die Überschwemmungen verschlimmern sich wegen des Klimawandels.

Tsunami

Bei einem Tsunami bilden sich unter der Wasseroberfläche bis zu 30 Meter hohe Wellen. Sie werden von Erdbeben, Erdrutschen oder Vulkanausbrüchen ausgelöst. Große Wassermassen werden in Bewegung gesetzt, wenn sich der Meeresboden plötzlich hebt oder senkt. Im Dezember 2005 gab es im Indischen Ozean ein Seebeben. Die daraus entstandenen Wellen töteten über 240 000 Menschen.

Hochwasser in New Orleans

Die Stadt New Orleans liegt 1,80 m unter dem Meeresspiegel. Deiche schützen die Stadt vor dem Meer. Nach dem Hurrikan „Katrina" brach ein Damm und die Stadt war überflutet. Im August 2005 stand bis zu 80 % des Stadtgebietes von New Orleans bis zu 7,60 m unter Wasser. Durch den Stromausfall konnte das Wasser nicht sofort abgepumpt werden. Viele Menschen flüchteten aus der Stadt.

Wie entsteht ein Tsunami?

Suche weitere Informationen zum Thema Hochwasser im Internet oder in einem Lexikon.

Pfingsthochwasser 1999

Das Hochwasser in Bayern war eine Folge sehr starker Regenfälle in den Nordalpen, dem Alpenrand und Teilen des Alpenvorlandes. Regenfälle und Schneeschmelze in der ersten Maihälfte führten bereits vor Pfingsten zu einer Wassersättigung der Böden. Vom 20. bis 22. Mai 1999 regnete es sehr stark, so dass die Böden kein Regenwasser mehr aufnehmen konnten.

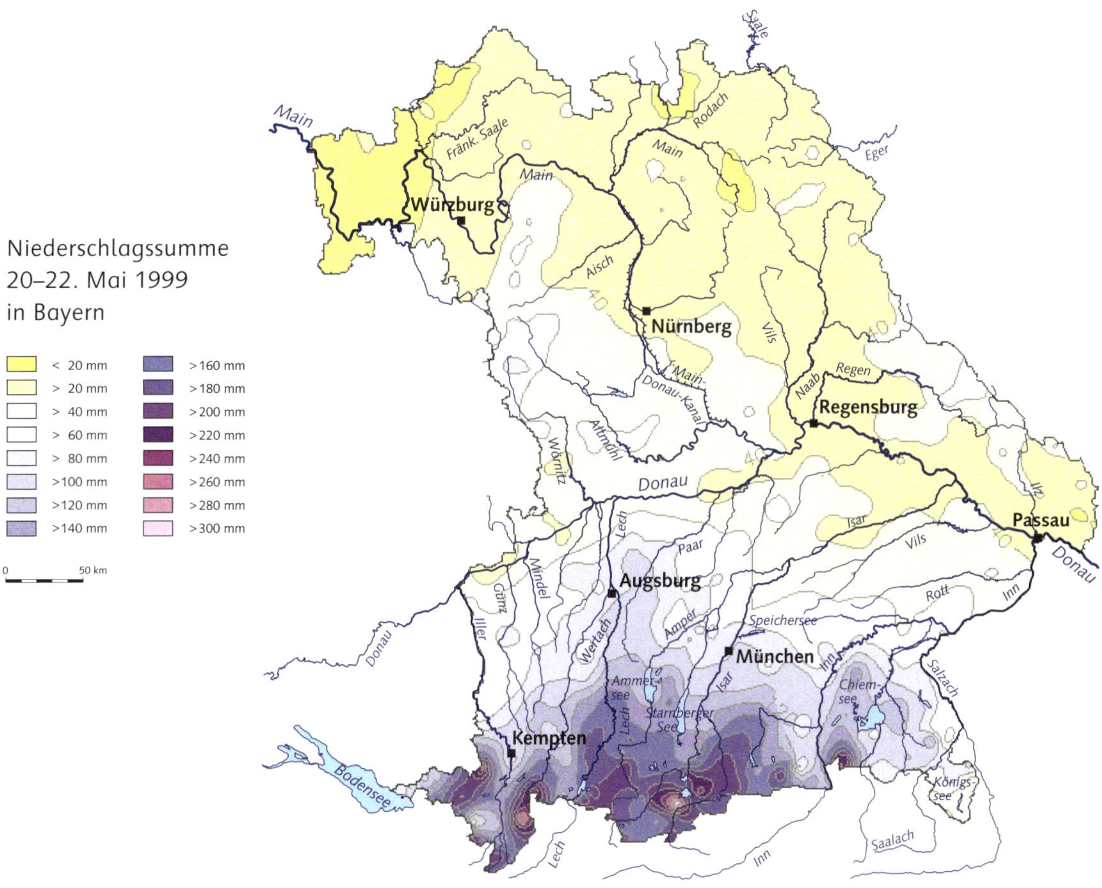

Wie viel hat es 1999 an deinem Ort geregnet?

Leben vom Müll

Am Stadtrand von Manila, auf den Philippinen, qualmt und stinkt die Müllkippe immerzu.
Rosa, Mary, José, Ronaldo sowie ganze Heerscharen von Kindern wühlen hier tagtäglich von morgens bis abends auf den Müllhalden nach verwertbarem Abfall und nach Essensresten.
Sie arbeiten und leben auf dem Müllberg. Jeder von ihnen versucht flink etwas in seinen Korb zu bekommen. Papier, Pappe, Bleche, Flaschen, Plastikkanister, Drähte, Dosen und nicht zuletzt Essensreste sind „wertvolle Funde", die etwas Geld bringen.
Alles, was die Kinder hier sammeln, kann wiederverwertet werden oder wird an bestimmten Sammelstellen verkauft.
Aus Autoreifen entstehen Sandalen, aus Blechdosen Öllampen für das Haus, Kehrbleche und Reiben für den Haushalt.
Unermüdlich kratzen und scharren die Kinder mit ihrem Eisenhaken in den Abfallbergen herum.
Mit den bloßen Händen ist das Wühlen eine Qual. Der beißende Qualm schmerzt.
Die Augen tränen.
Und die Lunge kann man sich beinahe aus dem Leib husten.
Es juckt und kratzt am ganzen Körper.
Viele der Mädchen und Jungen leiden an Hautausschlägen.
Aber Geld für eine Heilsalbe haben sie nicht. Was sie hier im Müll der Reichen zusammenkratzen und an die Händler verkaufen, bringt ihnen einen Verdienst, der gerade für das Lebensnotwendige reicht, wenn überhaupt.

Kannst du dir vorstellen, dass es auch in Deutschland Menschen gibt, die vom Müll leben?

Werkstatt 169

Was eine Familie an Müll produziert

Ganz ohne Abfall geht es sicher nicht, aber man kann mit Müll ganz unterschiedlich umgehen. Es kommt darauf an, wie viel Müll jeder Einzelne verursacht. Schauen wir uns zwei Familien in ihrem Alltag an:

Familie Schlaumeier vermeidet Müll, wo sie nur kann. Getränke werden nur in Mehrwegfalschen gekauft oder ganz ohne Flasche: zum Beispiel Tee.
Wenn sie zum Einkaufen geht, nimmt die Familie eine Tasche oder einen Korb mit. Waren, die keine Verpackung brauchen, zum Beispiel Zwiebeln oder Orangen, werden unverpackt hineingelegt.
Überflüssige Verpackungen bleiben direkt im Laden. Für Waren, die verpackt werden müssen, kann man auch mitgebrachte Gefäße oder Tüten verwenden.
Die Familie kauft nichts Überflüssiges und nichts Unnötiges. Ist eine Haushaltsmaschine defekt, wird zuerst an Reparatur gedacht und nicht gleich alles einfach weggeworfen.

Der **Familie Ganzegal** ist der Müll ziemlich egal: Sie achtet überhaupt nicht darauf, wie viel Abfall sie produziert. Getränke werden in Einwegverpackungen gekauft und zuhause stehen überall Dosen und Plastikflaschen herum. Pfand? Ganz egal!
Zum Einkaufen geht die Familie einfach so – ohne Tasche und ohne Tüte. Wozu gibt es diese schicken Plastiktüten in den Supermärkten? Zuhause wird alles ausgepackt und dann sofort hinein in den Müll mit der Plastiktüte!
Wenn etwas kaputtgeht, wird es sofort weggeworfen. Volle Mülltonnen stören nicht – in einer ist immer noch Platz.
Restmüll in der Papiertonne oder im Biomüll? Das macht doch nichts!

Vergleiche die beiden Familien.

Norbert Golluch

Recycling

Recycling ist die Wiederverwertung von Abfällen. Viele Verpackungen, Dosen, Kunststoffe, Glas und Papier sind zu wertvoll für den Müll, sie können als Rohstoff für Neues verwendet werden.
Kunststoffe kann man wiederverwerten, aus Altpapier lässt sich neues Papier machen und zur Herstellung von Marmeladengläsern beispielsweise werden nicht nur neue Rohstoffe verwendet.
Für neue Gläser werden die Scherben der alten mit eingeschmolzen.
Das Recycling ist von großer Bedeutung für die Umwelt, denn dadurch entsteht weniger Müll. Die Materialien werden entweder in einem gelben Sack oder in einer gelben Tonne gesammelt. In Sortieranlagen werden die verschiedenen Materialien getrennt und anschließend recycelt.
Eine weitere Möglichkeit: Die Materialien werden zu Hause getrennt gesammelt und dann zum örtlichen Wertstoffhof gebracht.
Dort können auch Elektrogeräte, Metall, Bauschutt, Holz, Batterien und alte Möbel abgegeben werden.

Wie wird in deinem Ort der Müll getrennt?

Ganz neue Fische

Plötzlich finden wir in unseren Seen und Flüssen
eine Anzahl neuer Fische vor,
die sich von Tag zu Tag vermehren.
Hier ist nun eine erste Aufstellung der wichtigsten
und bekanntesten der neuen Fische:

DER WEIT VERBREITETE
COCA-COLA-DOSENFISCH
DER VERROSTETE BIERFLASCHENVERSCHLUSSFISCH
DER GELBE BANANENSCHALENFISCH
DER GEMEINE SPRUDELGLASSCHERBENFISCH
DER UNMÖGLICHE SÜSSIGKEITENPAPIERTÜTENFISCH
DER WEISSE SUPERMARKTTRAGETASCHENFISCH
DER BUNTE ZIGARETTENSCHACHTELFISCH
DER ALBERNE MÜLLFISCH
DER STINKENDE DRECKFISCH
DER SCHIMMELIGE RESTEFISCH

Erwin Grosche

Kennt ihr noch mehr neue Fischarten?
Zeichnet die neuen Fische.

Wenn wir der Erde etwas wegnehmen

Wenn wir der Erde etwas wegnehmen,
müssen wir ihr auch etwas zurückgeben.
Wir und die Erde sollten gleichberechtigte Partner sein.
Was wir der Erde zurückgeben,
kann etwas so Einfaches
– und zugleich so Schwieriges –
wie Respekt sein.
Die Suche nach Öl, Kohle und Uran
hat der Erde bereits großen Schaden zugefügt,
aber noch kann dieser Schaden wieder gutgemacht werden –
wenn wir es wollen.
Beim Abbau von Bodenschätzen werden Pflanzen vernichtet.
Es wäre recht und billig,
der Erde Samen und Schösslinge anzubieten
und dadurch wieder zu ersetzen,
was wir zerstört haben.
Eines müssen wir lernen:
Wir können nicht immer nur nehmen,
ohne selber etwas zu geben.
Und wir müssen unserer Mutter, der Erde,
immer so viel geben,
wie wir ihr weggenommen haben.

Jimmie C. Begay

Was möchtest du der Erde zurückgeben?

Ich liebe Bücher

Pippi Langstrumpf

Pippilotta Viktualia Rollgardina Pfefferminz Efraimstochter Langstrumpf, kurz Pippi Langstrumpf genannt, wohnt mit ihrem Pferd und dem kleinen Affen Herrn Nilsson in der Villa Kunterbunt und macht, was sie will. Sie ist das stärkste Mädchen der Welt. Und sie lügt, dass sich die Balken biegen. Pippi triumphiert über Einbrecher, Lehrerinnen und Polizisten und ist für Thomas und Annika eine wunderbare Freundin.

Pippi sitzt auf dem Gartenzaun und klettert in den hohlen Baum

Vor der Villa Kunterbunt saßen Pippi, Thomas und Annika. Pippi saß auf dem einen Pfeiler, Annika auf dem anderen und Thomas saß auf der Gartentür. Es war ein warmer und schöner Tag Ende August. Ein Birnbaum, der direkt hinter dem Zaun stand, streckte seine Zweige so weit herunter, dass die Kinder die kleinen, goldroten Augustbirnen ohne große Mühe abpflücken konnten. Sie kauten und aßen und spuckten die Kerngehäuse auf den Weg.

Kennst du noch andere Geschichten von Pippi Langstrumpf?
Schau dir die Buchcover an – fällt dir etwas auf?

 Werkstatt 173

Die Villa Kunterbunt stand gerade da, wo die kleine Stadt aufhörte und das Land anfing und wo die Straße direkt in die Landstraße überging. Die Leute der kleinen Stadt gingen gern spazieren in dieser Gegend, denn hier war die Umgebung der Stadt am schönsten.
Wie sie so dasaßen und Birnen aßen, kam ein Mädchen den Weg von der Stadt her. Als es die Kinder sah, blieb es stehen und fragte:
„Habt ihr meinen Vater hier vorbeigehen sehen?“ „Mja“, sagte Pippi, „wie sieht er aus? Hat er blaue Augen?“
„Ja“, sagte das Mädchen.
„Richtig groß, nicht zu groß und nicht zu klein?“
„Ja“, sagte das Mädchen.
„Schwarzer Hut und schwarze Schuhe?“
„Ja, ganz richtig“, sagte das Mädchen eifrig.
„Nein, den haben wir nicht gesehen“, sagte Pippi bestimmt.
Das Mädchen sah enttäuscht aus und ging ohne ein Wort weiter.
„Warte mal“, schrie Pippi hinter ihr her.
„Hat er eine Glatze?“
„Nein, natürlich nicht“, sagte das Mädchen böse.
„Da hat er Glück gehabt“, sagte Pippi und spuckte ein Kerngehäuse aus.
Das Mädchen lief eilig weiter, aber Pippi rief:
„Hat er unnatürlich große Ohren, die bis zu den Schultern reichen?“
„Nein“, sagte das Mädchen und drehte sich erstaunt um. „Du willst doch nicht behaupten, dass du einem Mann mit so großen Ohren hast vorbeigehen sehen?“
„Ich habe niemals jemand gesehen, der mit den Ohren geht. Alle, die ich kenne, gehen mit den Füßen.“
„Ach, bist du blöd! Ich meine, hast du wirklich einen Mann gesehen, der so große Ohren hat?“
„Nee“, sagte Pippi, „es gibt keinen Menschen, der so große Ohren hat. Das wäre ja komisch. Wie würde das aussehen? So große Ohren kann man nicht haben. Jedenfalls nicht hier in diesem Land“, fügte sie nach einer nachdenklichen Pause hinzu. „In China ist das ja was anderes. Ich hab mal in Shanghai einen Chinesen gesehen. Seine Ohren waren so groß, dass er sie als Umhang benutzen konnte. Wenn es regnete, kroch er unter die Ohren, und darunter war es so warm und schön, wie man sich nur denken kann. ….“
Das Mädchen war stehen geblieben und hörte Pippi mit offenem Mund zu. Und Thomas und Annika konnten nicht mehr weiter essen, sie waren vollauf damit beschäftigt zuzuhören.

Astrid Lindgren

Wenn du wissen willst, wie es weitergeht, lies das Buch „Pippi Langstrumpf" oder höre es dir auf CD an.

„Erzähl von Pippi Langstrumpf"

Dass ich eines Tages anfing zu schreiben, lag eigentlich daran, dass am 28. März 1944 in Stockholm Schnee fiel. An diesem Tag hatte es ununterbrochen geschneit und die Straßen waren seifenglatt. Ich wollte abends fortgehen und ging am Vasapark vorbei, rutschte aus und zog mir eine Fußverletzung zu. Freundliche Menschen transportierten mich nach Hause und ich durfte einige Wochen im Bett liegen. Meine einzige Waffe gegen die Langeweile waren ein Bleistift und ein Block. Ich begann die eigentümliche Geschichte von „Pippi Langstrumpf" zu schreiben.

Dieses merkwürdige rothaarige Mädchen war eine alte Bekannte unserer Familie. Geboren wurde sie eigentlich eines Abends im Jahre 1941. Karin, meine damals siebenjährige Tochter, lag mit einer langwierigen Lungenentzündung im Bett und bat mich oft: „Mama, erzähle mir bitte etwas." „Was soll ich dir erzählen?", fragte ich nach Mütterart. „Erzähl von Pippi Langstrumpf", sagte Karin eines Abends. Sie hatte diesen Namen im Augenblick erfunden, und ich begann zu erzählen, ohne zu fragen, was für eine Figur diese Pippi Langstrumpf sei. Man hörte es ja am Namen, dass es ein eigentümliches Mädchen war, und ein eigentümliches Mädchen wurde sie auch in meiner Geschichte. Meine Tochter liebte sie von Anfang an und das taten auch ihre Spielkameraden. Und als ich drei Jahre später an mein Bett gefesselt war, nahm ich mir vor, Pippis Erlebnisse niederzuschreiben. Nicht mit dem Gedanken an einen Verlag, sondern um sie meiner Tochter zu ihrem zehnten Geburtstag zu schenken.

Astrid Lindgren

So hat es angefangen. Was für ein Glück, kann man sagen, dass dieser Schnee auf dem Gehweg am Vasapark lag!
Astrid hat die Geschichten nämlich nicht nur Karin zum Geburtstag geschenkt, sondern sie auch an einen Buchverlag geschickt.
Aber kannst du dir das vorstellen – dieser Verlag sagte Nein!
Sie fanden Pippi einfach zu verrückt.
Aber Astrid ließ sich nicht die Lust nehmen durch dieses Nein.
Sie hatte entdeckt, was für einen Spaß das Schreiben macht.
Als der Verlag Rabén & Sjögren ein Jahr später ein Preisausschreiben für das beste Jugendbuch ankündigte, schrieb sie ein neues Buch und schickte es ein.
„Britt-Mari erleichtert ihr Herz" hieß es. Und es gewann den zweiten Preis. Im nächsten Jahr, 1945, machte derselbe Verlag ein Preisausschreiben für Kinderbücher. Da schickte Astrid ihre Pippi Langstrumpf ein und bekam den ersten Preis.
Jedenfalls wurde Astrid Lindgren 37 Jahre alt, ehe sie ihr erstes Buch veröffentlichte.

Stelle eines der Bücher in der Klasse vor. In der Bücherei kannst du weitere Bücher von Astrid Lindgren ausleihen.

Pippi Langstrumpf auf der Welt

Schweden: Pippi Långstrump
Pippi flyttar in i Villa Villekulla
I utkanten av den lilla, lilla staden låg en gammal förfallen trädgård. I trädgården låg ett gammalt hus, och i huset bodde Pippi Långstrump. Hon var nio år, och hon bodde där alldeles ensam.

England: Pippi Longstocking
Pippi Moves into Villa Villekulla
Way out at the end of a tiny little town was an old overgrown garden, and in the garden was an old house, and in the house lived Pippi Longstocking. She was nine years old, and she lived there all alone.

Griechenland: Pippi Phakidomyte
Η Πίπη Ζει Ακόμη Στη Βιλεκούλα
Αν κανένας ξένος τύχαινε να βρεθεί στη μικρή σουηδική πόλη και ξεστράτιζε προς τα περίχωρα, ίσως και να έβλεπε μπροστά του τη Βιλεκούλα. Όχι που το σπίτι αυτό είχε να πει πολλά.

Italien: Pippi Calzelunghe
Pippi si trasferisce a Villa Villacolle
C'era, alla periferia della minuscola città, un vecchio giardino in rovina; nel giardino c'era una vecchia casa, e nella casa abitava Pippi Calzelunghe.
Aveva nove anni e se ne stava lì sola soletta.

Russland: Pippi Dlinnyjchulok

На окраине маленького-премаленького городка был старый запущенный сад. В саду сторл старый дом, а в доме жила Пиппи Длинныйчулок. Ей было девять лет, и жила там совершенно одна.

Frankreich: Fifi Brindacier

Fifi s'installe à la villa Drôlederepos
À la limite de la toute petite ville, il y avait un vieux jardin envahi par les mauvaises herbes.
Une vieille maison se trouvait dans ce jardin et c'est dans cette maision que vivait Fifi Brindacier. Elle avait neuf ans et elle y vivait toute seule.

Brasilien	Bibi Maiea-Longa	Lettland	Pepija Garzeke
Dänemark	Pippi Langstrømpe	Mazedonien	Pipi dolgiot corap
China	Changwazi Pipi	Norwegen	Pippi Langstrømpe
Estland	Pipi Pikksukk	Polen	Fizia Pónczoszanka
Finnland	Peppi Pitkätossu	Portugal	Pippi Mediaslarga
Indonesien	Pippi Si Kaus Panjang	Slowenien	Pika Nogavicka
Iran	Pipi Gurab-baland	Spanien	Pippi Calzaslargas
Island	Lina Langsokkur	Südafrika	Pippie Langkous
Israel	Bilbee Bat-Gerev	Thailand	Pippi Thung-Taow Yaow
Japan	Ochame-Na Pippi	Türkei	Pippi Uzuncorup
Korea	Malkwallyangi Ppippi	Vietnam	Pippi Tat Dai

Eine Kindheit auf Näs

Hanna und Samuel August mit ihren vier Kindern: Gunnar, Astrid, Stina und – auf Papas Knien – Ingegerd, genannt Mamas kleine Nickon.

Es begann am 14. November 1907. Da wurde ich als zweites Kind des Landwirts Samuel August Ericsson und seiner Ehefrau Hanna in einem alten, roten Haus geboren, das von Apfelbäumen umgeben war.
Der Hof, auf dem wir lebten, hieß und heißt auch heute noch Näs.
Er liegt in der Nähe der kleinen Stadt Vimmerby in Småland.
Gunnar, Astrid, Stina und Ingegerd hießen wir Ericssonskinder auf Näs.
Es war schön, dort Kind zu sein, und es war besonders schön, ein Kind von Samuel August und Hanna zu sein.
Ich habe darüber nachgedacht, weshalb es so schön war. Ich glaube, dass ich es weiß: Unsere Kindheit wurde von Geborgenheit und Freiheit geprägt. Man fühlte sich geborgen bei diesen Eltern, die sich sehr mochten und immer da waren, wenn man sie brauchte. Und man fühlte sich frei, weil sie uns unbeschwert auf Näs herumlaufen ließen, das für uns Kinder ein einziger fantastischer Spielplatz war.
Wir wurden als Kinder nur sehr selten ausgeschimpft. Vermutlich schimpfte unsere Mutter deshalb nicht mit uns, weil wir meistens beim ersten Mal gehorchten, wenn sie uns etwas sagte.

Sie war es, die uns erzog. Ich kann mich nicht erinnern, dass sich Samuel August jemals in die Erziehung eingemischt hätte. Ich finde, Hannas Art, Kinder zu erziehen, war recht großzügig.
Dass man gehorchen musste, war selbstverständlich, aber sie verlangte nicht immerzu unnötige und unmögliche Dinge von uns. Sie hat z. B. nicht darauf bestanden, dass wir pünktlich zu den Mahlzeiten erschienen. Kamen wir zu spät, durften wir uns etwas aus der Speisekammer holen und bekamen keine Vorwürfe zu hören. Ich kann mich auch nicht erinnern, dass sie uns jemals Vorwürfe machte, wenn wir mit zerrissenen oder schmutzigen Kleidern heimkamen. Sie fand wohl, ein Kind habe das Recht, sich im Spiel auszutoben. Sie machte kein Geschrei über Missgeschicke, für die man nichts konnte. Zum Beispiel damals, als meine kleine Schwester auf den Tisch krabbelte und die Schüssel mit Blutkloßteig über sich leerte. Kein Wort sagte Hanna. Sie nahm nur ihre blutbeschmierte Jüngste, zog ihr saubere Kleider an und bereitete uns ein anderes Essen.

Der Pachthof in Näs an einem Sommertag im Jahr 1915, Bauer, Hausfrau, Gesinde und Kinder

Am 28. Januar 2002 ist Astrid Lindgren im Alter von 94 Jahren in ihrem Haus in Stockholm gestorben.

Bücher entdecken – in einer Bibliothek Texte finden

Eine Bibliothek ist ein Ort, an dem Bücher oder sonstige Medien gelesen oder ausgeliehen werden können.
Damit du in der Bibliothek etwas findest, müssen alle Werke geordnet, mit einer Signatur (= Ordnungsnummer) versehen und in einem Katalog erfasst werden.

Du möchtest dir das Buch „Wanda – streng geheim!“ ausleihen. Dazu suchst du z. B. mit dem Computer im Bibliothekskatalog. Gib den Namen der Autorin oder den Titel des Buches ein. Du findest dann z. B. folgende Beschreibung:

Medienart	Buch
Dokumentennr.	8805080000
Autor	Geisler, Dagmar
Titel	Wanda – streng geheim!: neueste Notizen / Dagmar Geisler
erschienen	München: Deutscher Taschenbuch-Verlag, 2004
Umfang	122 S.
Ausgabe	Orig.-Ausg.
Fußnoten	ab 9
Sprache	Deutsch
Land	Deutschland
ISBN	3-423-70837-9
Interessenskreis	Lustiges
Schlagwörter	Mädchen; Pubertät; Familienleben; Kinderbuch
Systematik Signatur	u: Erzählungen, Romane für 9–12jährige u/GEI
Inhalt	Wanda hat es nicht leicht. Inge, Papas Öko-Freundin ist schwanger, Wandas Mutter bis über beide Ohren verliebt und Waltraud, Fabians Mutter, benimmt sich wie ein alberner Teenager, wenn sie Piet, den neuseeländischen Künstler und Freund von Wandas Mutter, sieht. Ja spinnen die denn alle? Ab 9.

Schreibe dir die Signatur auf oder merke sie dir.
Suche das Buch im passenden Regal.
Gehe dann mit dem Buch zur Ausleihe.

Findest du in deiner Bibliothek die Bücher, die in diesem Lesebuch vorkommen? Welche Bücher gibt es noch von diesem Autor/dieser Autorin? Forsche nach.

S. 18–20 Michael Ende: Die unendliche Geschichte
S. 140–142 Mary Pope Osborne: Das magische Baumhaus

Bücher entdecken – ein Buch vorstellen

Im Jo-Jo Lesebuch werden viele Bücher vorgestellt. Suche dir ein Buch aus, das dir gut gefällt und stelle es deiner Klasse vor.

Das sind wichtige Informationen über ein Buch:

- **Wer** hat es geschrieben?
- **Wer** hat die Bilder (Illustrationen) gemalt?
- **Wann** wurde das Buch geschrieben?
- Hat die Schriftstellerin/ der Schriftsteller noch andere Bücher geschrieben? Welche?
- In welchem **Verlag** ist es erschienen?
- Was kostet es?
- **Wie viele** Seiten hat das Buch?
- Ist es ein Sachbuch, ein Märchenbuch, ein … -buch?
- Der **Klappentext** gibt meist eine erste kurze Zusammenfassung und macht Lust auf mehr.

Wo finde ich Informationen über Schriftsteller und Illustratoren?

- In einer **Buchhandlung** (fragt die Buchhändler)
- In der **Stadtbücherei** (fragt die Bibliothekare)
- Im **Internet** (gebt Namen in Suchmaschinen ein)

So bereite ich meine Präsentation vor:

- Das Buch aussuchen und es lesen.
- Mich über den Schriftsteller informieren.
- Die wichtigsten Ereignisse aus dem Buch knapp zusammenfassen.
- Die wichtigsten Figuren vorstellen.
- Eine Bewertung überlegen: Mir hat das Buch gefallen weil …
- Den Textabschnitt, den ich vorlesen will, üben.
- Den ganzen Vortrag zu Hause üben.

Texte besser verstehen – ein Lexikon oder Wörterbuch benutzen

Erstelle ein Merkheft mit Tipps für das Nachschlagen von Wörtern.

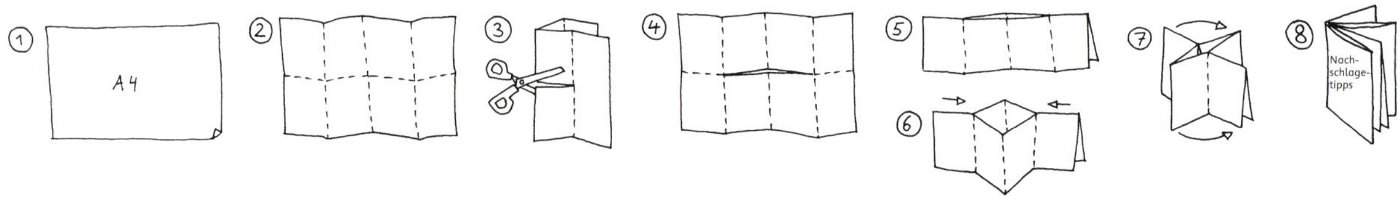

Schreibe Seitenzahlen und die Tipps auf die einzelnen Blätter.

S. 1 Nachschlagetipps (= der Titel deines Merkheftes)

S. 2 Ich suche die richtige Seite im Wörterbuch oder Lexikon.
Oben links steht oft das erste Stichwort einer Seite.
Dort orientiere ich mich.

S. 3 Die Stichwörter sind fett gedruckt und stehen ein bisschen vor.

S. 4 Die Stichwörter sind alphabetisch geordnet.
Die Umlaute ä, ö, ü werden wie Wörter mit a, o, u eingeordnet.

S. 5 Finde ich diesen Pfeil (→), dann gibt es zu dem dahinterstehenden Wort ein eigenes Stichwort.

S. 6 Im Wörterbuch/Lexikon stehen folgende Wörter so:
Nomen (Namenwörter) in der Einzahl,
Verben (Tunwörter) in der Grundform,
Adjektive (Wiewörter) in der Grundstufe.

S. 7 Im Wörterbuch:
Das Stichwort wird durch senkrechte Striche in Silben getrennt.
Bei einem Fremdwort steht die Aussprache in Lautschrift dahinter.
Zusammengesetzte Wörter muss man oft in einzelne Wörter zerlegen.

S. 8 Weitere Tipps:

Beispiel: Suche folgende Begriffe im Lexikon: Internet, www, E-Mail, Browser, Homepage. Nutze die Nachschlagetipps.

Rund ums Rad: Lies den Text. Schlage Wörter, die du nicht verstehst, im Lexikon nach.

Lege das Heft in dein Federmäppchen, dann kannst du weitere Tipps ergänzen.

Texte besser verstehen – ein Chatlexikon lesen

Beim Schreiben von E-Mails, von SMS oder beim Chatten im Internet werden Abkürzungen und so genannte Emoticons verwendet.
Emoticons sind Gesichter-Zeichen. Sie drücken Gefühle aus, zum Beispiel Freude oder Wut. Wenn du den Kopf nach links neigst, kannst du sie erkennen.
Die Abkürzungen werden meistens für englische Ausdrücke verwendet.

Abkürzungen			
bb	bye bye ODER bis bald	**:-)**	lachendes Gesicht; Ausdruck von Freude
cu	see you (lautmalerisch: man sieht sich)	**:-(**	trauriges Gesicht; Ausdruck von Enttäuschung, Ärger
lol	laughing out loud (lautes Lachen)	**;-)**	zwinkern; etwas nicht so ernst nehmen
kA	keine Ahnung	**:-o**	erstauntes Gesicht; Ausdruck von Überraschung
hdl	hab dich lieb	**:-x**	Kuss
plz	please (bitte)	**:,-(**	weinen
sry	sorry (tut mir leid)	**:-@**	schreien, brüllen
thx	thanks (danke)	**>:-(**	wütend

Lies die SMS.

Hi Max, cu nachher im Kino?

:-o Hab ich vergessen, kA, warum.

:-(Und nun?

sry, lass uns morgen gehen, bb.

Schreibe eine eigene Nachricht mit Abkürzungen.

Seite 35

Gestern war wieder was los! Welche Emoticons könntest du in diesem Text verwenden? Begründe.

Seite 112–114

E-Mail für Oma: Moritz zeigt seiner Oma, wie man Emoticons und Abkürzungen verwendet. Schreibe eine Mail von Oma an Moritz.

Textsorten unterscheiden – Textsorten erkennen

Welcher Text gehört zu welcher Textsorte?
Schreibe in eine Tabelle:

Textsorte	Merkmal
Märchen	• Beginn oft „Es war einmal …" • sprechende Tiere
Gedicht	

Zu welchen Textsorten gehören diese Texte?
Lege eine Tabelle an: Textsorte | Text

S. 146 Hat Wasser eine Haut?
S. 62 Ich träume mir ein Land
S. 96 Tomas
S. 103 Sonnenwendfeier mit Musik am Brettenberg
S. 115 Schneekristall

Textsorten unterscheiden – Texte verändern

Vermisste Kinder wieder glücklich zu Hause

Walden, 9. 8. 2002 Überglücklich konnte gestern Nachmittag der Vater des vermissten Geschwisterpärchens seine Kinder H. und G. wieder in die Arme schließen. Die Kinder, die sich bei einem Familienausflug am vergangenen Sonntag im Wald verlaufen hatten, tauchten wohlbehalten wieder auf. Sie berichteten, während ihres Herumirrens im Wald auf ein seltsam aussehendes Haus gestoßen zu sein, das von einer geheimnisvollen, älteren Dame bewohnt wird. Diese hatte die Kinder mit Leckereien und Kuchen in ihr Haus gelockt und sie dort anschließend gefangengehalten. Den Kindern gelang jedoch die Flucht. Über den Verbleib der alten Frau besteht zurzeit noch Unklarheit.

Hier wurde ein Märchen wie ein Zeitungsartikel geschrieben. Du kannst auch Gedichte als Sachtexte oder Geschichten als Zeitungsartikel oder Märchen schreiben. Wandle Texte aus dem Lesebuch um.

Seite 80/81
Ein Fahrradausflug mit Folgen: Schreibe die Geschichte so auf, wie sie in der Zeitung stehen könnte.

Seite 112–114
E-Mail für Oma: Schreibe die Geschichte als Märchen. Denke an magische Gegenstände, sprechende Tiere und geheimnisvolle Wesen. Beginne so: Es war einmal …

Seite 143
Das Wasser: In dem Gedicht beschreibt James Krüss den Kreislauf des Wassers. Mache aus dem Gedicht ein Schaubild. Zeichne den Kreislauf des Wassers.

Seite 152
Leben vom Müll: Schreibe eine Zeitungsmeldung über die Kinder Rosa, Mary, José und Ronaldo.

Seite 52
Die neueste Mode: Erzähle den Comic als Geschichte.

Texte besser verstehen – W-Fragen stellen

Seite 94

Wanda – Schreck am Morgen: Lies den Text. Beantworte folgende Fragen:
Wer erzählt?
Wann spielt die Geschichte?
Wo spielt die Geschichte?
Was passiert?

Seite 80/81

Ein Fahrradausflug mit Folgen:
Sammle mit einem Partnerkind W-Fragen und beantwortet sie anhand des Textes. Wer? Wie? Warum? ...
Gestaltet mit den W-Fragen ein Plakat für die Klasse.

Klappentexte
Viele Bücher haben auf der Rückseite eine kurze Zusammenfassung des Inhaltes. Sie sollten die W-Fragen Wer oder was?, Wann?, Wo?, Was passiert? beantworten, ohne zu viel von der Geschichte zu verraten. Überprüfe an folgendem Klappentext:

Eines Tages wird ein Eisberg mit einem Urzeit-Ei am Strand der Insel Titiwu angeschwemmt. Ein seltsames Geschöpfchen schlüpft aus dem Ei: das Urmel. Vorlaut und keck, aber unglaublich liebenswert, sorgt das Urmel künftig für Wirbel bei Professor Habakuk Tibatong und seinen sprechenden Tieren, der Haushälterin Wutz, Ping Pinguin, dem Waran Wawa, Schusch, dem Schuhschnabel, und dem See-Elefanten Seele-Fant, der immer so traurög ist.

Seite 21

Michael Ende und seine „Unendliche Geschichte“:
Lies den Klappentext. Schreibe die W-Fragen Wer oder was?, Wann?, Wo?, Was passiert? und die Antworten auf.

Seite 159

Erzähl von Pippi Langstrumpf:
Suche dir ein Titelbild aus. Schreibe selbst einen Klappentext, der die Fragen Wer oder was?, Wann?, Wo?, Was passiert? beantwortet. Verrate nicht zu viel von der Geschichte.

Texte besser verstehen – verschiedene Strategien kennen

Um fremde Texte gut zu verstehen, kann man verschiedene Strategien anwenden:

1. Die Überschrift lesen und überlegen, was man über das Thema schon weiß.
2. Die Bilder zum Text betrachten. Wovon könnte der Text handeln?
3. Die Bedeutung unbekannter Wörter klären.
4. Den Text in Abschnitte gliedern und Überschriften für die Abschnitte finden.
5. Notizen machen: Fragen zum Text aufschreiben.
6. Den Inhalt mit den wichtigsten Stichwörtern aufschreiben.
7. Kernaussagen finden: Was will der Autor / die Autorin sagen?

Seite 154

Recycling: Lies die Überschrift. Was weißt du schon über das Thema? Schreibe es auf.

Seite 40–42

Kathrin spricht mit den Augen:
Schau dir die Bilder an. Wovon könnte die Geschichte handeln? Schreibe deine Vermutungen auf. Lies dann die Geschichte.

Seite 43

Stephen Hawking:
Lies den Text. Schlage unbekannte Wörter im Lexikon nach.

Seite 149

Nabou erzählt: Teile den Text in sinnvolle Abschnitte. Finde für jeden Abschnitt eine Überschrift. Schreibe so:

Zeile 1-?: ____________________
Zeile ?-?: ____________________

Seite 118–120

Der Kern: Lies den Text. Lege dabei eine Stichwortsammlung an.
Sie soll
- gut lesbar und übersichtlich sein,
- nur die wichtigsten Wörter enthalten,
- Antworten auf W-Fragen finden,
- den Inhalt mit wenigen Wörtern wiedergeben.

Tipp: Teile den Text in Abschnitte ein. Schreibe die wichtigste Aussage des Abschnitts als Stichwort auf. Das können auch mehrere Wörter sein.

Texte verstehen und präsentieren – ein Plakat erstellen

Erstelle ein Plakat, um andere über dein Thema zu informieren.
Beachte dafür drei Regeln:

1. Verwende eine so große Schrift, dass sie noch aus 1 m Entfernung gut lesbar ist.
2. Klebe oder male anschauliche Bilder auf das Plakat.
3. Schreibe die wichtigsten Informationen über dein Thema in kurzen Stichwörtern auf.

Seite 43

Stephen Hawking:

Beantworte folgende Fragen:

1. Was erfährst du über Stephen Hawking?
2. Was erfährst du über seinen Beruf?
3. Was ist besonders an Stephen Hawking?

Gestalte ein Plakat.

Seite 34

Streiten lernen / Gestern war wieder was los:

Legt in einer Klassenkonferenz gemeinsame Streitregeln fest. Schreibt sie auf ein Plakat und hängt es in der Klasse gut sichtbar auf.

Seite 69

Rechte des Kindes:

Teilt eure Klasse in mehrere Gruppen ein.
Jede Gruppe sucht sich ein Recht aus.
Schreibt es mit eurer Erklärung auf ein Plakat.

Was bedeutet das Recht?
Gilt es in unserem Land?
Und in anderen Ländern?
Gibt es passend zu jedem Recht vielleicht auch eine „Pflicht“?

Stellt euch die Plakate gegenseitig vor.

Rechte

und Pflichten

Nimm auf Schwächere Rücksicht

Das Recht auf eine gesunde körperliche Entwicklung

Hilf anderen Kindern

Kinder sollen nicht hungern müssen

Tu keinem weh

Kinder sollen nicht geschlagen werden

Texte verstehen und präsentieren – einen Steckbrief schreiben

In einem Steckbrief werden Personen, Tiere oder Dinge mit treffenden Adjektiven genau beschrieben.

Seite 145

Steckbrief Libelle / Steckbrief Wasserläufer:
Zeichne beide Tiere mit Hilfe der Informationen aus den Steckbriefen.

Seite 144

Am Teich: Wähle zwei Tiere. Schreibe einen Steckbrief als fortlaufenden Text und einen Steckbrief in Form einer Tabelle.
Die Steckbriefe auf Seite 145 kannst du als Vorlage benutzen.
Aus welchem Steckbrief kannst du besser Informationen entnehmen. Warum?

Seite 33

Kennst du die ???-Kids?
Schreibe einen Steckbrief über dich wie es Justus, Bob und Peter getan haben. Sammelt alle Steckbriefe in einem Ordner oder gestaltet ein Buch für die Klasse.

Seite 156–163

Ich liebe Bücher
Wähle eine Figur aus einem Buch von Astrid Lindgren. Schreibe einen Rätsel-Steckbrief.
Beschreibe die Figur. Beantworte dabei folgende Fragen:

1. Wie sieht die Figur aus?
2. Wo lebt die Figur?
3. Was sind besondere Eigenschaften oder Merkmale dieser Figur?
   Achtung: Welche Eigenschaften oder Merkmale solltest du besser nicht erwähnen, damit das Rätsel nicht zu einfach wird?
4. Welche Rolle spielt die Figur in der Geschichte?

Beispiel:
Das Mädchen hat braune Haare. Es lebt mit seinen Eltern und einer kleinen Schwester auf einem Gut in Schweden. Das Mädchen ist sehr pfiffig. Es hat einen Freund, der Abbe heißt. Es ist die Hauptperson in der Geschichte.

Madita

Zu Redensarten schreiben – Wort-Bilder gestalten

Finde den Wurm im Apfel.

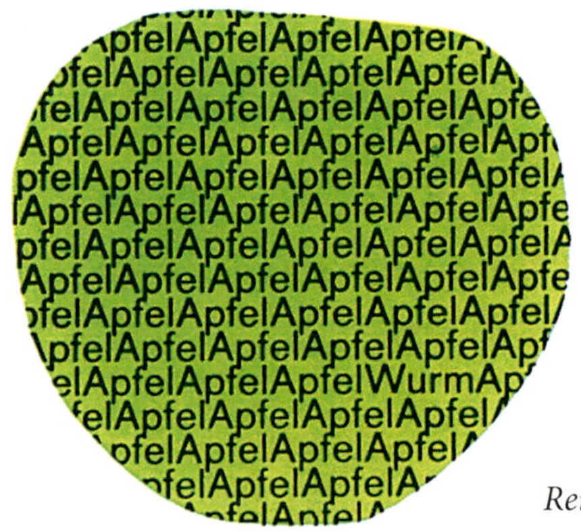

Reinhard Döhl

Seite 12

Redenssarten in verschiedenen Sprachen:
Aus Redensarten kannst du auch solche Wort-Bilder machen. Gestalte ein Wort-Bild und lass die anderen Kinder herausfinden, welche Redensart dahinter steckt. Du kannst auch diese Redensarten verwenden.

Jemand ist das Herz in die Hose gerutscht.
Stroh im Kopf haben.
Leben wie die Made im Speck.
Die Nadel im Heuhaufen suchen.
Einen Frosch im Hals haben.
Einen Floh im Ohr haben.
Alles in Butter!

Zum Beispiel: Ein Haar in der Suppe finden.

SuppeSuppeSuppeSuppeSuppeSuppe
SuppeSuppeSuppeSuppeSuppeSuppe
SuppeHaarSuppeSuppeSuppeSuppe
SuppeSuppeSuppeSuppeSuppe
SuppeSuppeSuppeSuppeSuppe
SuppeSuppeSuppeSuppe
Suppe

Zu Redensarten und Gedichten malen

Seite 13

Sprichwörter und Redensarten wörtlich genommen: Kinder haben diese Redensarten wörtlich genommen und gezeichnet.

Beispiel: Mit dem Kopf durch die Wand gehen
Bedeutung: Sich um jeden Preis durchsetzen wollen.

Suche weitere Redensarten, in denen etwas bildlich ausgedrückt wird und male dazu.
Schreibe die Bedeutung der Redensart auf.

Tipp: Viele Redensarten beziehen sich auf Körperteile.
Zum Beispiel:
Ich lasse mir nicht den Mund verbieten.
Da fiel es mir wie Schuppen von den Augen.
Halt die Ohren steif.
Mir sind die Hände gebunden.

Gedichte stecken voller Bilder
Suche dir ein Gedicht aus, zu dem du malen möchtest.
Schreibe das Gedicht ab oder drucke es.
Überlege, welche Farben zu dem Gedicht passen.
Male zu jeder Strophe.

S. 109 Hoher Herbst
S. 115 Weihnachten

Seite 126

Turnier zu Landshut: Erzählt die Geschichte zu diesem Gedicht mit Hilfe eines Wandfrieses.
Nehmt Packpapier oder eine Tapetenrolle und teilt die Fläche in sieben gleich große Bilder ein.
Besprecht, was in jeder Szene gemalt wird.
Schreibt unter jedes Bild einen Satz, der den Inhalt beschreibt:
Die Tochter des Polenkönigs heiratet. – Viele Ritter kommen zur Feier. – …

Seite 143

Das Wasser: In dem Gedicht wird der Kreislauf der Wassers beschrieben. Male ein Bild, in dem man diesen Kreislauf erkennt.

Texte vortragen und vorlesen

Manche Texte im Lesebuch eignen sich besonders gut zum Vorlesen oder Vortragen.

Beachte folgende Dinge:

Hast Du noch mehr Ideen?

1. Übe den Text, bevor du ihn anderen vorliest.
2. Lies langsam und deutlich.
3. Lies mit Betonung.
4. Mache verschiedene Personen mit der Stimme nach.
5. Verändere die Stimme passend zum Text.
6. …

Seite 46

Der Rabe und der Haushahn:
Wie sprechen Rabe und Haushahn, sodass man die beiden gut voneinander unterscheiden kann?

Seite 54/55

Trau dich, Sofie:
Lies den Text so vor, dass man Sophies Gefühle nachvollziehen kann. Verändere die Stimme passend zum Text und betone wichtige Wörter.

Seite 69

Die Rechte des Kindes:
Lies den Text so vor, dass man sich die zehn Rechte gut merken kann. Lies langsam und deutlich. Überlege, wo du Pausen machen willst.

Seite 72–74

Die Geschichte des weisen Nathan:
Suche dir ein Partnerkind. Lest zusammen den Text vor.
Einer liest die Rahmengeschichte, der andere liest die Geschichte von den drei Ringen.
Überlegt, wie Nathan und Saladin sprechen sollen.
Soll es noch einen Erzähler geben?
Wie erzählt Nathan die Geschichte?
Wie kann man ausdrücken, dass Saladin durch die Geschichte von den drei Ringen verändert wird?

Gedichte vortragen

In Ge**dicht** steckt das Wort **dicht**.
Der **Dichter** hat seine Gedanken ver**dicht**et.

Pflaumenbaum

Im Hofe steht ein Pflaumenbaum
Der ist klein, man glaubt es kaum.
Er hat ein Gitter drum
So tritt ihn keiner um.

Der Kleine kann nicht größer wer'n.
Ja größer wer'n, das möcht er gern.
'S ist keine Red davon
Er hat zu wenig Sonn.

Den Pflaumenbaum glaubt man ihm kaum
Weil er nie eine Pflaume hat
Doch er ist ein Pflaumenbaum
Man kennt es an dem Blatt.

Bertolt Brecht

Diese Strophe hat einen Paarreim.
Je zwei aufeinander folgende Verse reimen sich:

a baum	b drum
a kaum	b um

Das Reimschema ist also a a b b.

Manche Gedichte haben einen Kreuzreim. Hier stehen die Reimwörter „über Kreuz". Es reimen sich der erste und der dritte, der zweite und vierte Vers.
Reimschema: a b a b.

Seite 32

Gedicht vom Gedicht: Schreibe das Gedicht auf. Male gleiche Reime farbig an. Markiere einen Vers und eine Strophe. Schreibe **Vers** und **Strophe** an die richtige Stelle. Welche Geschichte erzählt das Gedicht?

Seite 115

Weihnachten: Lerne das Gedicht mit einem Partnerkind auswendig. Wie lernt ihr am liebsten?
Zeile 1: gegenseitig abhören, gemeinsam sprechen, rhythmisch sprechen
Zeile 1 und 2, dann Zeile 1 und 2 und 3: immer weiter so üben

ODER:

- letzte Wörter mit Blatt Papier abdecken, gemeinsam das gesamte Gedicht sprechen; das Blatt weiter nach links verschieben, um mehr Wörter abzudecken, gemeinsam sprechen …
- Immer weiter so üben

Gedichten auf die Spur kommen – zu Gedichten schreiben

Seite 154

Ganz neue Fische: Schreibe selbst ein Gedicht mit neuen „Tieren“. Es müssen nicht unbedingt Fische sein.

Der Knetgummiregenwurm

Der bunte Plastikfolienschmetterling

Seite 37

Ein Nasenhuhn: Erfinde weitere Strophen für das Gedicht.

Jetzt ist wieder der „Nasenverein“ dran.
ein Nasenhuhn
ein Nasenzwerg
ein Nasenschwein
die …
und als da kam
ein …
da …

Das Schnabelhuhn

Ein Nasenbär

Du kannst auch zu neuen Tieren Gedichte schreiben.

Seite 98

Es tickt die Zeit: Schreibe das Gedicht ab, und zwar jede Zeile auf einen extra Papierstreifen.
Lege die Zeilen in verschiedener Reihenfolge.
Sprich dabei leise mit.
Welche Reihenfolge magst du? Schreibe sie auf.

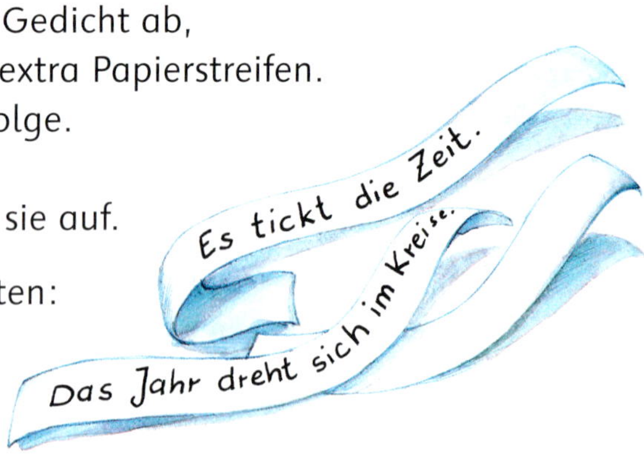

Probiere das auch mit folgenden Gedichten:

S. 36 Streiten muss sein!
S. 84 Ein Leben gibt viel Zeit
S. 115 Schneekristall

Seite 100

Gefunden: Übertrage dieses Gedicht in eine kleine Geschichte. Male Bilder dazu.

Gedichte selber schreiben – eigene Formen finden

Ein Satz,
den man
so
schreibt,
ist ein Gedicht –
so ein Gedicht.

Seite 10

Ein Satz, den man so schreibt …

Der Satz klingt am Ende wie ein Gedicht.

Finde heraus, warum das so ist.

Das kann dir helfen: Lies den Satz mehrmals halblaut vor dich hin.
Achte auf die Pausen.
Achte auf betonte Wörter.
Achte auf den Rhythmus. Wie ist er, wenn der Satz in einer Zeile steht?

Seite 149

Nabou erzählt:

Manchmal würde ich gerne in die Stadt gehen,
wo es in den Häusern Wasserhähne gibt.

Schreibe diesen Satz als Gedicht.
Schreibe ihn zuerst hintereinander.
Versuche dann andere Schreibweisen.
Beginne eine neue Zeile, wenn an einer Stelle eine Pause sein soll.
Schreibe Wörter, die du besonders hervorheben willst, alleine in eine Zeile.

Suche dir aus einer anderen Geschichte einen Satz, der dir wichtig ist.
Zum Beispiel:

S. 70/71 Glückliche Kinder?
S. 90/91 35 Kilo Hoffnung

Du kannst auch zu Bildern dichten. Zum Beispiel:

Tannenspitzen
ragen in den Himmel.
Dicke Wattebausche
liegen auf den Zweigen.
Die Sonne
glitzert
auf dem Schnee.

Suche dir ein Foto oder Bild aus dem Jo-Jo Lesebuch.

Haiku und Rondell selber schreiben

Haiku ist eine kurze Gedichtform, die aus Japan stammt.
Übersetzt heißt Haiku „lustiger Vers“.
Ein Haiku beschreibt die Natur, die Elemente (Feuer, Erde, Wasser, Luft) und die Jahreszeiten.
Dafür gelten besondere Regeln.
Haiku haben drei Zeilen.

1. Zeile	_ _ _ _ _	5 Silben
2. Zeile	_ _ _ _ _ _ _	7 Silben
3. Zeile	_ _ _ _ _	5 Silben

Die erste Zeile soll von dem Thema des Haikus handeln.
Die zweite Zeile beschreibt, was geschieht, wie es aussieht oder sich anfühlt.
Die dritte Zeile bringt eine überraschende Wendung.

Seite 115

Schneekristall: Überprüfe, ob dieses Gedicht ein Haiku ist.

Seite 98–115

Das Jahr dreht sich im Kreise
Suche dir ein Thema, zum Beispiel eine Jahreszeit wie den Winter. Schreibe dein Thema als Kernwort zunächst in die Mitte eines Zettels. Sammle alles, was dir dazu einfällt.

Der Begriff Rondell ist vom französischen Wort „rondelle“ = (kreisförmige) Scheibe abgeleitet.
Das Rondell ist ein Gedicht aus acht Zeilen.
Die Zeilen 1, 4 und 7 sind gleich.
Die Zeilen 2 und 8 sind gleich.

Seite 104

Lieber Regen als Stau: Beschreibe die Erfahrung der Familie in einem Rondell. Überlege dir einen Satz, der beschreibt, wie die Kinder sich fühlen. Schreibe ihn in die Zeilen 1, 4 und 7. Überlege dir einen zweiten Satz. Schreibe ihn in die Zeilen 2 und 8. Suche für die Zeilen 3, 5 und 6 weitere Gedanken aus dem Text. Zum Beispiel:

1. Ich will nach Hause.
2. Es ist so heiß.
3. …
4. Ich will nach Hause.
5. …
6. …
7. Ich will nach Hause.
8. Es ist so heiß.

Sich zu Texten etwas ausdenken

Seite 11

Eine schöne Geschichte: Ihr kennt sicher viele Geschichten vom Erzählen oder aus Büchern. Sucht eine aus. Schreibt dazu einige Stichwörter auf. Erzählt euch die Geschichte. Macht sie besonders lebendig.

Seite 13

Sprichwörtlich: Sammelt viele Redensarten und Sprichwörter. Schreibt einen kleinen Text. Sucht dazu Redensarten und Sprichwörter, die einen ähnlichen Inhalt haben oder sich auf einen gleichen Körperteil beziehen.
Zum Beispiel: Obwohl er als ruhiger Schüler galt, hatte er es faustdick hinter den Ohren, die ihm sein Vater schon längst hätte langziehen sollen, denn stille Wasser sind tief …

Seite 48–50

Ich will so bleiben, wie ich bin: Gestaltet selber eine Werbung. Ihr könnt zum Beispiel ein Werbeplakat für einen Freund oder eine Freundin zur Klassensprecherwahl entwerfen.
Oder ihr erfindet ein Produkt (eine Ware), für das ihr werbt, zum Beispiel: Schokolade, die keine Karies verursacht, oder Tinte, die garantiert nur fehlerfreie Wörter schreibt, oder …

Seite 54/55

Trau dich, Sofie: Wie könnte die Geschichte weitergehen? Schreibe eine Fortsetzung.

Seite 56/57

Herr der Diebe: In der Geschichte kommen viele Personen vor. Schreibe in dein Lesetagebuch, was du über die Personen erfährst.
Prosper: Kann sich die Parole nie merken …
Riccio: Mager und klein …

Seite 64–67

Jan kommt aus Deutschland: Am Schluss der Geschichte sagt Jan: „Was soll ich Abedi nur schreiben?" Versetze dich in die Lage von Jan. Schreibe an seiner Stelle einen Brief an den Freund in Tansania: über die Schule und die neue Klasse, über Paul aus Kenia …

Seite 87

Enttäuscht: An welchem Platz würdest du ganz besondere Dinge aufbewahren? Male den Platz und deine Erinnerungsstücke oder gestalte eine Collage.

Texte selber schreiben – Fabeln

Rabe und Fuchs

Ein Rabe hatte einen Käse gestohlen, flog damit
auf einen Baum und wollte dort seine Beute in Ruhe verzehren.
Da es aber der Raben Art ist, beim Essen nicht schweigen zu können,
hörte ein vorbeikommender Fuchs den Raben über dem Käse krächzen.
Er lief eilig hinzu und begann den Raben zu loben:
„O Rabe, was bist du für ein wunderbarer Vogel!
Wenn dein Gesang ebenso schön ist wie dein Gefieder,
dann sollte man dich zum König aller Vögel krönen!“
Dem Raben taten diese Schmeicheleien so wohl,
dass er seinen Schnabel weit aufsperrte,
um dem Fuchs etwas vorzusingen.
Dabei entfiel ihm der Käse.
Den nahm der Fuchs behänd, fraß ihn
und lachte über den törichten Raben.

nach Äsop

Daran erkennst du eine Fabel:

1. Fabeln sind kurze erzählende Texte.
   Aber man kann lange über sie nachdenken.

2. In Fabeln sind meistens Tiere die handelnden Figuren.
   Sie stehen für bestimmte menschliche Eigenschaften.

3. Die Tiere in einer Fabel sind Gegenspieler.
Sie stehen sich nicht als Freunde gegenüber.

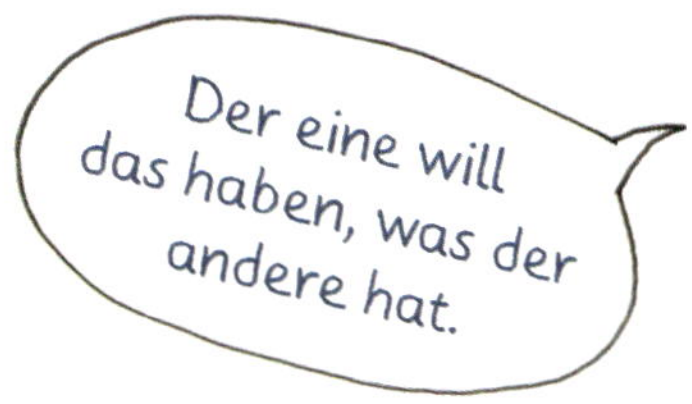

4. Die Fabel will eine Situation zeigen,
die es im Verhalten von Menschen oft gibt.

5. Alle Fabeln haben eine Lehre,
manchmal eine bittere.

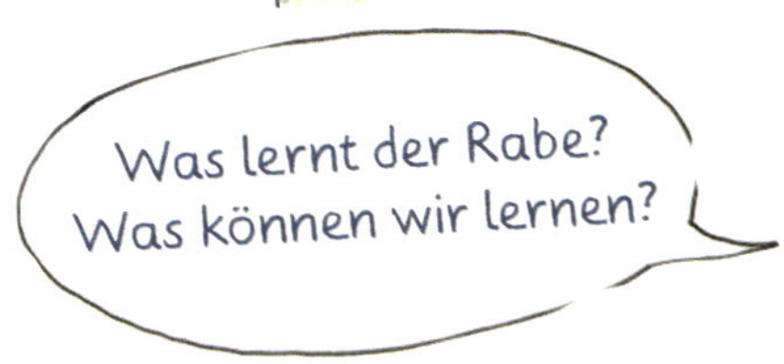

Tipp: Du kannst die Fabel auch spielen.
Du entdeckst dabei leicht, was sich hinter der Fabel verbirgt.
Benutze die wörtliche Rede der Tiere.

Seite 61 | Seite 118–120

Das Schwein und die Eiche / Der Kern:

Handelt es sich bei diesen Texten um Fabeln?
Überprüfe mit Hilfe der fünf Merkmale von oben.
Schreibe dein Ergebnis auf. Zum Beispiel:

	Das Schwein und die Eiche	Der Kern
1. Fabeln sind kurze erzählende Texte.	X	

Texte spielen – Schattentheater

Schattentheater mit Schauspielern
Hinter einer straff gespannten Leinwand spielen die Schauspieler.
Durch eine starke Lampe (zum Beispiel Tageslichtprojektor) werden sie angestrahlt. Man sieht nur ihre Schatten.

Was müsst ihr beachten?
Führt alle Bewegungen dicht an der Leinwand aus, sonst wird der Schatten unscharf. Bewegt euch langsam und führt alle Gesten deutlich aus. Übertreibt etwas. Vermeidet Bewegungen nach vorne oder hinten, der Zuschauer kann sie nicht erkennen. Bewegt euch immer parallel zur Leinwand.

Requisiten und **Kulissen** werden aus flachen Materialien hergestellt.
Gut eignen sich Pappe oder Sperrholz.
Sie müssen ebenfalls dicht an die Leinwand gehalten oder an ihr befestigt werden. Sonst kann man die Form nicht klar erkennen.

Seite 88/89
Die verflixte Rechenaufgabe: Spielt den Text als Schattentheater mit Schauspielern. Stellt die Erklärungen des Vaters dar.
Zeigt die Äpfel und die Jungen, die sieben Zwerge …

Seite 48–50
Ich will so bleiben wie ich bin: Spielt diesen Text als Schattentheater mit Figuren.
Überlegt, ob die Dialoge von anderen Kindern vorgelesen werden, damit sich die Puppenspieler ganz auf das Spiel konzentrieren können.

Seite 38
Das große und das kleine Nein: aus dieser Geschichte könnt ihr ein kurzes Theaterstück machen. Lest genau, welche Personen im Text vorkommen. Braucht ihr einen Erzähler?
Wie sollen die Personen sprechen? Wie soll die Kulisse sein?
Teilt den Text in Szenen ein. Jedes Mal, wenn eine neue Person auftritt, beginnt eine andere Szene.

Zu Texten musizieren

Seite 36

Streiten muss sein! Das Gedicht kann in zwei Gruppen als Rap gesungen werden. Probiert verschiedene Variationen aus.

Information: Rap ist ein Sprechgesang, bei dem die Texte schnell und rhythmisch gesprochen werden.

Seite 6

Ein Buch: Sprich dieses Gedicht als Rap. Unterstütze deinen Sprechgesang mit passenden Bewegungen.
Lass ein Partnerkind mit dem Mund Schlagzeuggeräusche machen (= mouthpercussion) oder lass dich von Rhythmusinstrumenten begleiten.

Seite 110

Knecht Ruprecht: Unterlegt dieses Gedicht mit passenden Klängen. Fangt so an:

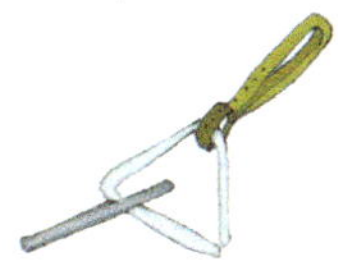

Von drauß vom Walde: Handtrommel
Goldene Lichtlein blitzen: Triangel
Aus dem Himmelschor: Xylophon,
Glockenspiel mit einer Weihnachtsmelodie …

Seite 16/17

Eine Zungenbrechergeschichte:
Tragt die Geschichte vor. Überlegt euch, mit welchen Instrumenten ihr die immer längeren Wörter untermalen wollt. Wie könnt ihr darstellen, dass immer ein Wort dazu kommt?

Seite 118–120

Der Kern: Unterlegt diese Geschichte mit passenden Klängen. Welche Instrumente benötigt ihr für

- die krabbelnden Käfer,
- den Kirschkern,
- die Darstellung der Kampfvorbereitung beider Stämme,
- den wachsenden Kirschbaum?

Kleines Lexikon

Astrophysik ist ein Hauptgebiet der modernen Astronomie. Astronomie ist die wissenschaftliche Stern- und Himmelskunde. Die Astrophysik erforscht den Aufbau der Planeten und Sterne.

Blutkloßteig ist ein Teig, aus dem früher in Schweden nach dem Schlachten der Schweine Blutklöße gemacht wurden. Mit Schweineblut, Fleischbrühe, Roggenmehl, Eiern, Milch und Fett wurde dieser Teig hergestellt. Erst gekocht und dann in der Pfanne angebraten schmeckt er ungefähr so wie Blutwurst.

Deich, Erddamm längs eines Flusses (Flussdeich) oder einer Meeresküste (Seedeich) zum Schutz von tief liegenden Landflächen und Ortschaften vor Hochwasser und Sturmfluten.

Dielenboden, ein Holzfußboden aus Brettern, die oft so lang wie der Raum sind, der ausgelegt werden soll. Der Dielenboden ist die älteste Form eines Holzbodens.

Facettenauge: Das Facettenauge besteht aus mehreren Einzelaugen, bei manchen Insekten sogar aus bis zu 10.000 Stück. Jedes Einzelauge blickt in eine geringfügig andere Richtung. Bei Insekten nehmen die beiden Facettenaugen einen großen Teil des Kopfes ein.

Freier: Früher nannte man einen Mann, der eine Ehefrau sucht, auch Freier. Er ging auf sogenannten „Freiersfüßen“.

Gelehrte sind Menschen, die wissenschaftlich sehr gebildet sind. Sie haben an einer Universität studiert und kennen sich auf ihrem Gebiet umfassend aus. Ein anderes Wort für Gelehrter ist auch Wissenschaftler.

Halbwaise ist ein Kind, bei dem ein Elternteil (Mutter oder Vater) gestorben ist.

Kranich: Der Kranich (*grus grus*) ist ein großer langbeiniger Vogel, der sich überwiegend von Pflanzen ernährt. Verschiedene Arten von Kranichen kommen in den Sumpfgebieten aller Erdteile vor. Der Kranich ist ein Zugvogel, der im Herbst aus nördlichen Ländern nach Südspanien oder Afrika zieht.

Krankengymnastik: Bei der Krankengymnastik werden körperliche Bewegungen als Heilmittel eingesetzt, damit Kranke wieder gesund werden. Nach einem Beinbruch beispielsweise hilft einem die Krankengymnastik, wieder Muskeln aufzubauen.

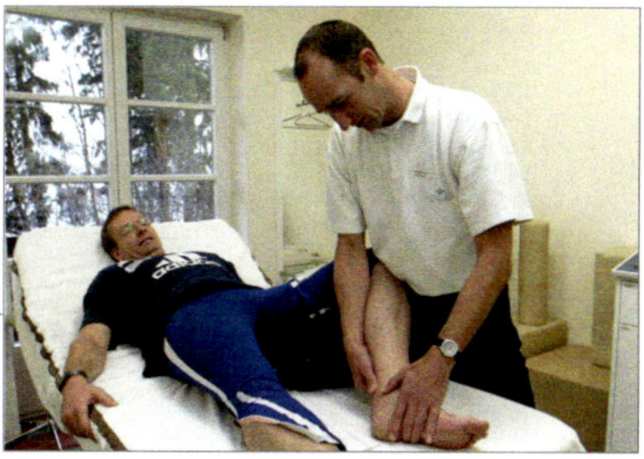

Kugellager: Man benötigt ein Kugellager in jeder Maschine, bei der sich etwas um eine Achse drehen soll z. B. in Autoachsen. Aufbau: befestigter Innenring, Kugeln, Außenring. Schon vor fast 2700 Jahren gab es Kugellager. Archäologen fanden diese bei Streitwagen. Die Lager waren damals aus Holz und wurden für die bessere Drehung der Räder benutzt.

Labsal: Eine Wohltat und Erfrischung wurde früher auch als Labsal bezeichnet.

Lappe ist ein veraltetes Wort für ein Mitglied des Volkes der Samen. Die Samen bezeichnen sich selbst als Samit oder Samek. Sie leben im Norden von Norwegen, Schweden und Finnland. Viele Samen sind Rentierzüchter. Sie leben als Nomaden in Zelten und ziehen mit ihren Herden durch das Land.

Minister ist lateinisch und bedeutet Diener. Minister sind Mitglieder der Regierung eines Landes. Meist leiten sie eine Behörde mit einem bestimmten Aufgabenbereich, ein sogenanntes Ministerium.

Pachthof, ein Bauernhof, den ein Bauer vom Besitzer mietet. Er darf die die Gebäude und die Felder nutzen, sie gehören ihm aber nicht. Der Bauer zahlt dem Besitzer für die Nutzung Geld oder Naturalien (z. B. Fleisch und Gemüse).

Parlament: Das Parlament besteht aus Menschen, die man Abgeordnete nennt. Sie wurden von den Bürgern gewählt. Für ganz Deutschland ist der Bundestag das vom Volk gewählte Parlament. Das Parlament in Bayern heißt Landtag. Das Parlament kontrolliert die Regierung und beschließt Gesetze.

Schock ist eine alte Mengenangabe für 60 Stück. Ein Schock = 3 Stiegen = 4 Mandel = 5 Dutzend.

Schüppel ist ein anderes Wort für Haarschopf, also die Kopfhaare eines Menschen.

See-Elefant: Die See-Elefanten (*Mirounga*) sind die größten Robben der Welt. Benannt sind sie nach der rüsselartig vergrößerten Nase der ausgewachsenen Männchen.

Speditionsfirma: Das ist ein Unternehmen, das sich um den Transport von Waren kümmert. Die Güter werden an einem Ort abgeholt und an einem anderen Ort zuverlässig wieder abgeladen.

Staatsangehörigkeit: Eine Person, die zu einem Staat gehört, besitzt dessen Staatsangehörigkeit. Kinder erwerben die Staatsangehörigkeit (= Staatsbürgerschaft) der Eltern mit der Geburt.

Strandpavillon, ein offenes Gebäude am Strand. Meistens ist es rund. Oft finden dort musikalische Darbietungen statt.

Sultan ist ein islamischer Herrschertitel. Er wurde früher oft gebraucht. Sultan ist arabisch und bedeutet Herrscher.

Turban: Ein Turban ist eine Kopfbedeckung, die aus einem oder mehreren Stoffstreifen besteht. Sie werden kunstvoll um den Kopf gewickelt.

Universität ist ein anderes Wort für Hochschule. An einer Universität werden Wissenschaften und Künste erforscht und gelehrt. Die Lehrer dort heißen Dozenten, die an der Universität Studenten unterrichten und in verschiedenen Berufen ausbilden.

Wanst, ein anderes Wort für einen dicken Bauch.

Zwist bedeutet „Zweiteilung, Entzweiung" und ist ein anderes Wort für Streit oder Uneinigkeit.

Zylinder: In der Technik, beispielsweise bei Kolbenmaschinen, ist der Zylinder ein röhrenförmiger Körper, in dem sich ein Kolben von unten nach oben bewegt.

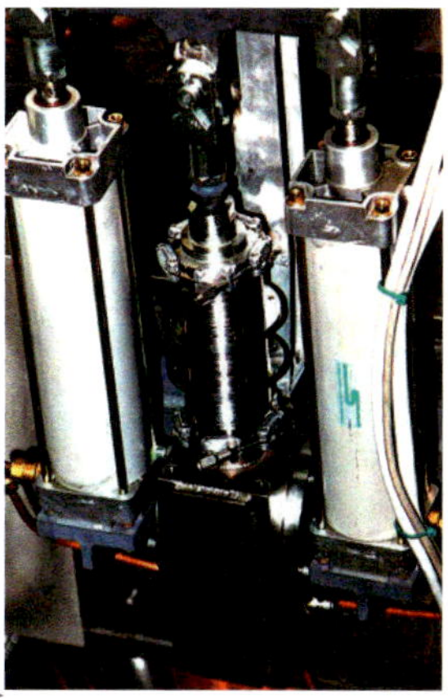

Fachbegriffe (Glossar)

Artikel
Der Artikel ist 1. ein schriftlicher Beitrag in einer → Zeitung (Zeitungsartikel) oder in einem → Lexikon (Lexikonartikel).
Der Artikel ist 2. der Begleiter des Nomens (der, die, das).

Autorin/Autor
Eine Autorin/ein Autor schreibt → Texte, z. B. für Bücher oder für Zeitungen.

Bibliothek (Bücherei)
In der Bibliothek gibt es viele Bücher und andere → Medien, die ausgeliehen werden können. Kleinere Bibliotheken nennt man Büchereien. In vielen Schulen gibt es eine Schulbücherei.

CD
Auf einer Audio-CD sind Töne (Musik oder gesprochener Text) digital gespeichert und können abgespielt werden. CD ist eine Abkürzung für das englische Wort Compact Disc (= kleine feste Scheibe).

CD-ROM
CD-ROM ist die Abkürzung für Compact Disc Read-Only Memory (= ausschließlich lesbarer Speicher). Im Gegensatz zur Audio-CD sind auf der CD-ROM auch Bilder, Computerspiele oder -programme gespeichert.

E-Mail
E-Mail ist eine Kurzform für „electronic mail“ (= elektronische Post). Sie ist eine mit dem Computer versendete Botschaft, die durch das → Internet übermittelt wird.

Geschichte
Geschichten erzählen etwas, was wirklich geschehen ist oder was sich jemand ausgedacht hat. Sie können aufgeschrieben oder mündlich erzählt sein. Ein anderes Wort für Geschichte: Erzählung.

Inhaltsverzeichnis
In einem Inhaltsverzeichnis sind alle → Kapitel oder alle → Texte aufgelistet, die ein Buch enthält. Seitenzahlen helfen sich zurechtzufinden.
Auch → Zeitungen und Zeitschriften haben manchmal ein Inhaltsverzeichnis.

Internet
Das Internet ist ein weltweites Netzwerk, das Computer miteinander verbindet (vernetzt). Durch das Internet können Daten ausgetauscht, telefoniert, Radio gehört und → E-Mails verschickt werden. Ein Teil des Internets ist der Internetdienst World Wide Web (= weltweites Netz; Abkürzung www.). Mit dem www. kann jeder Mensch mit einem Browser (= Durchstöberer) das Internet durchsuchen. So ist es möglich, Informationen einzuholen, die weltweit auf den vernetzen Computern verteilt sind.

Interview
Das Wort kommt aus der englischen Sprache und bedeutet wörtlich „Befragung“. Ein Interview führen bedeutet: jemanden befragen, z. B. über seinen Beruf.

Kapitel
Ein Kapitel ist eine größere Einteilung in einer Geschichte oder einem Buch mit verschiedenen Themen.

Lexikon
Ein Lexikon ist ein Buch, das zu Wörtern aus vielen Bereichen kurze Erklärungen gibt. Die Wörter sind im Lexikon nach dem Alphabet geordnet.
Die Mehrzahl von Lexikon heißt Lexika.
Es gibt Lexika auch auf → CD-ROM.

Literatur
Als Literatur werden alle sprachlich und schriftlich überlieferten Werke bezeichnet. Oft redet man auch von Literatur, wenn man nur dichterische Werke meint. In jedem Land gibt es Literatur.
Die Hauptwerke aus allen Ländern werden Weltliteratur genannt.

Medien
Medien (Einzahl: Medium) ist ein Oberbegriff für Dinge oder Einrichtungen, die Informationen vermitteln. Medien sind z. B.: Bücher, Zeitschriften, Zeitungen, CD-ROMs, Musik-CDs, Videos, DVDs, Hörspielkassetten, das Internet, das Radio oder das Fernsehen.

Pointe
Das Wort kommt aus der französischen Sprache. Die Pointe ist ein überraschendes Ende, z.B. bei einem Witz.

Redensart
So nennt man allgemein bekannte feststehende Wortgruppen, die man nicht wörtlich nehmen darf. Redensarten drücken oft etwas im Bild aus, z. B.: Jemand „geht mit dem Kopf durch die Wand".

Schwank
Ein Schwank ist eine scherzhafte Erzählung. Er ist auf eine → Pointe hin ausgerichtet. Im Mittelpunkt der Handlung stehen meist die alltäglichen Dinge. Manchmal geht es um die Verspottung eines Dummen durch einen Klugen, wobei dann der Kluge der Unterlegene ist.

Szene
Die Szene ist ein kurzer, abgeschlossener Teil eines Theaterstücks oder eines Films. Beginnt eine neue Szene, treten meist neue Schauspieler auf, es findet ein Ortswechsel statt oder es wird ein anderer Teil einer Geschichte gezeigt.

Text
Das Wort Text bedeutet „Gewebe". Der Text ist eine geschriebene zusammenhängende Äußerung. Es gibt unterschiedliche Texte, z. B. → Gedichte, Geschichte, Briefe, Lieder oder Sachtexte.

Theater
Auf Griechisch heißt „theatron" Ort des Zuschauens. Theatron war zunächst der Zuschauerraum, aus dem sich aber dann das ganze Bühnenhaus entwickelte. Der Begriff „Theater" meint also zum einen das Gebäude als zum anderen den ganzen technischen wie künstlerischen Betrieb.
Es gibt ganz unterschiedliche Theater, z. B. Sprechtheater (Schauspiel), Musiktheater (Oper), Tanztheater (Ballett) oder Figurentheater (Marionettenspiel).

Titel
Der Titel ist der Name eines Buches oder eines Films oder das Lied eines Musikalbums.

Vortrag
Als Vortrag wird die Rede vor einem Publikum bezeichnet. Beim Vortrag eines Witzes geht es um das genaue Vortragen. Ein Witz wird ganz genau nacherzählt.
Bei einem Referat weiß der Vortragende, was er inhaltlich sagen wird. Es kommt auf den Inhalt an, nicht darauf, ganz genau die Worte zu verwenden, die man sich bei der Vorbereitung zurechtgelegt hat.

Witz
Ein Witz ist eine komische, kurze Erzählform, die Humor ausdrückt. Es gibt einen Erzähler, einen Zuhörer und ein Opfer. Wesentliches Merkmal des Witzes ist die → Pointe. Ein Witz ist witzig, weil man beim Hören eine Erwartung über das Ende der Erzählung hat, die unerwartet und überraschend nicht erfüllt wird.

Zeitung
Die Zeitung ist ein Medium, das regelmäßig Informationen in gedruckter Form weitergibt. Tageszeitungen erscheinen täglich neu. Wochenzeitungen erscheinen einmal in der Woche. Die Informationen sind nach Sachgebieten sortiert. Diese Sachgebiete nennt man Rubriken, z. B. Politik, Sport, Regionales.

Inhalt nach dem ABC

Inhaltsverzeichnis

Verfasser- und Quellenverzeichnis

182 **Aesop:** Rabe und Fuchs. Aus: Der Ochse und das Harfenspiel. Fabeln aus aller Welt. Übersetzt von Ingrid und Klaus-Dieter Sommer. Berlin: Verlag Neues Leben 1974

11 **Anton, Martin:** Eine schöne Geschichte. Aus: Hans-Joachim Gelberg (Hrsg.): Was für ein Glück. 9. Jahrbuch der Kinderliteratur. Weinheim/Basel: Beltz Verlag 1993, Programm Beltz und Gelberg

138 **Auer, Martin:** Über die Erde. Aus: Hans-Joachim Gelberg (Hrsg.): Überall und neben dir. Weinheim-Basel: Beltz Verlag 1986, Programm Beltz und Gelberg

58 **Bechstein, Ludwig:** Mann und Frau im Essigkrug (gekürzt). Aus: Bechsteins Märchen. Hamburg: Cecilie Dressler Verlag 2002

155 **Begay, Jimmie C.:** Wenn wir der Erde etwas wegnehmen. Aus: Käthe Recheis und Georg Bydlinski (Hrsg.): Weißt du, dass die Bäume reden? Freiburg: Herder 1998

33 **Blank, Ulf:**Kennst du die ??? Kids (Titel hinzugefügt, Auszug, gekürzt)? Aus: Die drei Fragezeichen-Kids. Im Reich der Rätsel (Bd. 13). Stuttgart: Verlag Franckh-Kosmos 2002

72 **Bolliger, Max / Sangl, Michaela:** Die Geschichte des weisen Nathan (gekürzt). Die Ringparabel neu erzählt. Freiburg: Herder Verlag 2004

107 Wer hat den Schwalben. Aus: Max Bolliger: Hinter den sieben Bergen. Dreimal dreizehn Kindergedichte. Würzburg: Echter Verlag 1995

38 **Braun, Gisela:** Das große und das kleine NEIN. Aus: Ich sag NEIN, Arbeitsmaterialien gegen den sexuellen Missbrauch an Jungen und Mädchen. Mühlheim an der Ruhr: Verlag an der Ruhr 1992

177 **Brecht, Bertolt:** Der Pflaumenbaum. Aus: Werner Hecht (Hg.): Werke. Gedichte 2. Berlin und Frankfurt a. M.: Suhrkamp 1988

45 **Brender, Irmela:** Julias anderer Tag.

36 Streiten muss sein! Aus: Ja-Buch für Kinder. Weinheim-Basel: Beltz Verlag 1974, Programm Beltz und Gelberg

150 **Burnie, David / Bramwell, Martyn:** Überschwemmungen. Aus: Umwelt in Gefahr – so können wir die Erde schützen (Ausschnitt, gekürzt). Deutsch von Günter Strempel. München: Dorling Kindersley Verlag 2008

30 **Geisler, Dagmar:** Ist Fabian ein guter Freund (Titel hinzugefügt, Auszug, gekürzt).

94 Wanda – Schreck am morgen (Titel hinzugefügt, Auszug, gekürzt). Aus: Wanda – Streng geheim!. München: Deutscher Taschenbuch Verlag 2004

14 Wandas geheimes Tagebuch (Titel hinzugefügt, Auszug, gekürzt). Aus: Wandas geheime Notizen. München: Deutscher Taschenbuch Verlag 2003.

61 Das Schwein und die Eiche. Nach Iwan Andrejewitsch Krylow, russischer Fabeldichter. Aus: Uralte Weisheit. Fabeln aus aller Welt. Bonn: Deutscher Sparkassen- und Giroverband e. V. 1955

174 **Döhl, Reinhard:** Apfel mit Wurm Stuttgart 1965. Aus: konkrete poesie. Stuttgart: Reclam Verlag

136 **Eggart, Hulda:** Der Gaul in der Wiege (gekürzt, geändert). Aus: K. A. Reisers „Sagen, Gebräuche und Sprichwörter des Allgäus". Kempten und München 1914, Nr. 5

115 **Eichendorff, Joseph Freiherr von:** Weihnachten. Aus: Werner Bergengruen (Hrsg.): Joseph Freiherr von Eichendorff. Gedichte – Ahnung und Gegenwart. Manesse Verlag o.J.

18 **Ende, Michael:** Die unendliche Geschichte (Auszug, gekürzt). Stuttgart: Thienemann Verlag 1979

16 Eine Zungenbrechergeschichte (gekürzt). Aus: Die Zauberschule und andere Geschichten. Stuttgart: Thienemann Verlag 1994.

68 **Engbring, Britta:** Was ich mir so denke. Aus: Anders – Geschichten vom Fremdsein. © 2003 Edition Schmitz

26 **Finster, Caroline:** Wo sitzt Julian (geändert)?/Wer hat die Kekse gegessen? Logicals für Kinder. Donauwörth: Auer Verlag 2006

28 **Fröhlich, Roswitha:** Sieben Seelen. Aus: Hans-Joachim Gelberg (Hrsg.): Das achte Weltwunder. 5. Jahrbuch der Kinderliteratur. Weinheim-Basel: Beltz Verlag 1979, Programm Beltz und Gelberg

56 **Funke, Cornelia:** Der Herr der Diebe (Auszug). Hamburg: Cecilie Dressler Verlag 2000

90 **Gavalda, Anna:** 35 Kilo Hoffnung (Auszug, gekürzt). Übersetzt von Ursula Schregel. Berlin: Bvt Berliner Taschenbuch Verlag 2007

100 **Goethe, Johann Wolfgang von:** Gefunden. Aus: Sämtliche Werke. Band 2: Die Gedichte 1800 – 1832. Herausgegeben von Karl Eibl. Frankfurt/Main: Deutscher Klassiker Verlag 1998

153 **Golluch, Norbert:** Müllabfuhr in Aktion (Auszug). Wien: Annette Betz Verlag 2004

137 **Gorgas, Martina:** Ein wütender Teufel. Aus: München – Stadtführer für Kinder, Wien: Picus Verlag 2007

76 **Grosche, Erwin:** Lufffftpumpe. Aus: E-le-fa, E-le-fee! Was macht der Elefant am See? Lautgedichte und Sprachspiele quer durchs ABC. Würzburg: Arena Verlag 2007

154 Ganz neue Fische. Aus: Hans-Joachim Gelberg (Hrsg.): Wie man Berge versetzt. 6. Jahrbuch der Kinderliteratur. Weinheim-Basel: Beltz Verlag 1981, Programm Beltz und Gelberg

115 **Guggenmos, Josef:** Schneekristall. Aus: Hans-Joachim Gelberg (Hrsg.): Überall und neben dir. Weinheim-Basel: Beltz Verlag 1986, Programm Beltz und Gelberg

137 Traum vom Schatz auf der Brücke. Aus: Hausbuch der Sagen und Schwänke. Wien: Ueberreuther Verlag 2007

54 **Hartig, Monika:** Trau dich, Sofie (Auszug, gekürzt). Düsseldorf: Patmos Verlag 2000

116 **Heinrichs, Hans-Jürgen:** In der Fremde. Aus: Hans Gärtner (Hrsg.): Das Geschichtenjahr. Mödling-Wien: Verlag Sankt Gabriel 1997

131 **Herfurtner, Rudolf / Hetmann, Frederik (Hrsg.):** Die Entstehung des Passionsspiels zu Oberammergau.

132 Serpentina von Dinkelbühl und der schöne Heinrich. Das bayerische Kinderbuch. Bayreuth: Loewes Verlag 1979

35 **Hinz, Ingeborg:** Gestern war wieder was los! © bei der Autorin

22 **Janssen, Ulrich u. Ulla Steuernagel:** Als die Saurier die Erde beherrschten (Auszug). Aus: Die Kinder-Uni. Stuttgart/München: dtv/Deutsche Verlags-Anstalt 2003

98 **Kästner, Erich:** Es tickt die Zeit Strophe aus dem Gedicht „Der dreizehnte Monat." Aus: Die 13 Monate. Zürich: Atrium Verlag 1955

104 **Korschunow, Irina:** Lieber Regen als Stau. Aus: Dorothee Kreusch-Jakob: Der kunterbunte Ferienkoffer. München: Ellermann 1994. © bei der Autorin

62 **Krause-Gebauer, Erika:** Ich träume mir ein Land. Aus: Hans-Joachim Gelberg (Hrsg.): Überall und neben dir. Weinheim-Basel: Beltz Verlag 1986, Programm Beltz und Gelberg

84 **Kreft, Marianne:** Ein Leben gibt viel Zeit. Aus: Leserunde. Lese- und Arbeitsbuch für die Grundschule. 4. Schuljahr. Freiburg: Herder 1981

109 **Krolow, Karl:** Hoher Herbst © beim Autor. Aus: Westermann Lesebuch 5. Braunschweig: Westermann Verlag 1968

8 **Kruse, Max:** Wie Urmel auf die Insel Titiwu kam (Titel hinzugefügt, Auszug gekürzt). Aus: Urmel aus dem Eis. Stuttgart: Thienemann Verlag 1995.

143 **Krüss, James:** Das Wasser. Aus: Der wohltemperierte Leierkasten. Gütersloh: Bertelsmann Verlag 1961

130 **Lang, Paul:** Der Gangolfsborn. Aus: Hermann Leiderer/ Alfred Weitnauer (Hrsg.): Mein Sagenbuch. München: Bayerischer Schulbuchverlag, 1960

128 **Leger, Elke:** Till bringt einem Esel das Lesen bei. Aus: Till Eulenspiegel, Würzburg: Arena Verlag, 2006

40 **Lemler, Kathrin / Gemmel, Stefan:** Kathrin spricht mit den Augen. Wie ein behindertes Kind lebt. Kavelaer: Verlag Butzon & Bercker 1997, 2000.

106 **Lesaffre, Guilhem:** Der große Vogelzug der Kraniche (gekürzt, überarbeitet). Übersetzt von Bettina Runge und Eliane Hagedorn. Aus: Zugvögel. München: Knesebeck Verlag 2003

158 **Lindgren, Astrid:** „Erzähl von Pippi Langstrumpf" (gekürzt/Titel hinzugefügt).

162 Eine Kindheit auf Näs (gekürzt/Titel hinzugefügt). Aus: Schindler, P.J. (Hrsg.): Gebt uns Bücher, gebt uns Flügel. Hamburg: Oetinger Almanach 1972

156 Pippi sitzt auf dem Gartenzaun und klettert in den hohlen Baum (Auszug, gekürzt). Aus: Pippi Langstrumpf. Übersetzt von Cäcilie Heinig. Hamburg: Verlag Friedrich Oetinger 2007

102 Wir machen einen Ausflug (Auszug, gekürzt). Aus: Die Kinder aus der Krachmacherstraße. Hamburg: Verlag Friedrich Oetinger1992

10 **Maar, Paul:** Gedicht, das sich (scheinbar) nicht reimt. Aus: Onkel Florians fliegender Flohmart. Hamburg: Oetinger Verlag 1977

36 **Manz, Hans:** Umkehrung? Aus: Lieber heute als morgen. Weinheim-Basel: Beltz Verlag 1988, Programm Beltz und Gelberg

109 **Morgenstern, Christian:** Novembertag. Aus: Gesammelte Werke. München: Piper Verlag 1965

100 **Mörike, Eduard:** Er ist's. Aus: H. G. Göpfert (Hrsg.): Gesammelte Werke. München: Hanser Verlag 1958

32 **Nöstlinger, Christine:** Gedicht vom Gedicht.

105 Kleiner Lehrgang für den Umgang mit Eltern im Urlaub.

96 Tomas. Aus: Ein und alles. Weinheim-Basel: Beltz Verlag 1992, Programm Beltz und Gelberg. Mit Illustrationen von Jutta Bauer

83 Mei' Rad/Mei' Radl. Die Texte in unterfränkischer und oberbayerischer Mundart enstanden in Anlehnung an den Originaltext aus: Hans-Joachim Gelberg (Hrsg.): Überall und neben dir. Weinheim-Basel: Beltz Verlag 1986, Programm Beltz und Gelberg

26 **Obrist, Jürg:** Kaugummi mit Fußballbildchen (gekürzt). Aus: Lauter klare Fälle?! München: Deutscher Taschenbuchverlag 2008

140 **Osborne, Mary Pope:** Das magische Baumhaus. Verschollen auf hoher See (Auszug, gekürzt). Übersetzt von Sabine Rahn. Bindlach: Loewe Verlag, 5. Aufl. 2008

112 **Philipps, Carolin:** E-Mail für Oma. Aus: Groiß, Britta (Hrsg.): Weihnachten ganz wunderbar. Wien: Ueberreuther Verlag 2001

118 **Pin, Isabel:** Der Kern (gekürzt). Gossau-Zürich: Michael Neugebauer Verlag 2001

46 **Ramler, Karl Friedrich:** Der Rabe und der Haushahn. Aus: Herbert Heckmann/ Michael Krüger (Hrsg.): Kommt, Kinder, wischt die Augen aus, es gibt hier was zu sehen. Die schönsten deutschen Kindergedichte. München: Hanser Verlag 1974

97 **Reisner, Stefan:** Mamas Suppe (gekürzt). Aus: Achtundachtzig Pfund Schlafsahne. Berlin: Elefanten Press 1990

32 **Reuter, Bjarne:** Küss die Sterne (Auszug). Frankfurt/M.: Sauerländer Verlag 1987

101 **Ringelnatz, Joachim:** Rätselhaftes Ostermärchen. Aus: Joachim Ringelnatz: Das Gesamtwerk. Zürich: Diogenes Verlag 1994

111 **Rüschner, Eva:** Schneemänner-Tischlaterne (geändert). Aus: Weihnachtsschmuck. Freiburg: Christophorus Verlag, o.J.

44 **Schär, Brigitte:** Was, wenn? Aus: Hans-Joachim Gelberg (Hrsg.): Großer Ozean. Gedichte für alle. Weinheim-Basel: Beltz Verlag 2000, Programm Beltz und Gelberg

126 **Schöppner, Alexander:** Sagen aus Bayern (Niederbayern und Oberpfalz) Band 2, München: Süddeutscher Verlag 1979

86 **Schubiger, Jürg:** Meine Familie (Titel verändert). Aus: Mutter, Vater, ich und sie. Gulliver Taschenbücher. Weinheim: Beltz Verlag 1997

87 **Schwarz, Regina:** Enttäuscht. Aus: Hans-Joachim Gelberg (Hrsg.): Was für ein Glück. 9. Jahrbuch der Kinderliteratur. Weinheim-Basel: Beltz Verlag 1993, Programm Beltz und Gelberg

80 **Sick, Sieghild und Ralf:** Ein Fahrradausflug mit Folgen (Auszug, gekürzt). Aus: Helfen ist stark. München: Ellermann 2000

37 **Siege, Nasrin:** Dialog. Aus: Silvia Bartholl (Hg.): Texte dagegen. Autorinnen und Autoren schreiben gegen Fremdenhass und Rassismus. Weinheim/Basel: Beltz Verlag 1993, Programm Beltz & Gelberg

64 Jan kommt aus Deutschland. Aus: Hans-Joachim Gelberg (Hrsg).: Was für ein Glück. 9. Jahrbuch der Kinderliteratur. Weinheim-Basel: Beltz Verlag 1993, Programm Beltz und Gelberg

123 **Sontheimer, Kurt:** Die Bundesrepublik Deutschland (gekürzt).

124 Mutter geht in die Politik (gekürzt). Die Bundesrepublik Deutschland (gekürzt). München: Ellermann Verlag 1990

11 **Spohn, Jürgen:** Beinahegeschichte. Aus: Ach so. Ganzkurzgeschichten und Wünschelbilder. München: Bertelsmann Verlag 1982

37 Ein Nasenhuhn. Aus: Hans-Joachim Gelberg (Hrsg.): Großer Ozean. Weinheim/ Basel: Beltz Verlag 2000, Programm Beltz & Gelberg

48 **Stellmacher, Hermien:** Ich will so bleiben, wie ich bin (gekürzt). Ravensburg: Ravensburger Buchverlag Otto Maier 2001

70 **Stöckli, Elisabeth / Ingpen, Robert:** Glückliche Kinder (gekürzt)? Ein Buch über die Rechte des Kindes. Atlantis Kinderbücher. Zürich: Verlag pro juventute/UNICEF 1992

110 **Storm, Theodor:** Knecht Ruprecht. Aus: Storm. Werke band 1. Stuttgart: Cotta'sche Buchhandlung Nachf. 1958

13 **Thabet, Edith:** Sprichwörtlich. Aus: Hans Gärtner (Hrsg.): Das Geschichtenjahr. Mödling-Wien: Verlag Sankt Gabriel 1997

78 **Tödt, Klaus:** Rund ums Rad (gekürzt). Aus: Fahr Rad! Das Buch für Bike-Fans. Aarau u.a.: Kinderbuchverlag Luzern 1996

88 **Waalkes, Otto:** Die verflixte Rechenaufgabe. Aus: Das zweite Buch OTTO. München: Heyne Taschenbuchverlag 1984

108 **Wismeyer, Heinrich:** Oktoberfest. Aus: Boarischer Brauch. Freilassing: Pannonia Verlag 1979

10 **Wolff, Wenzel:** Ein Satz, den man so schreibt … Aus: Texte und Fragen Band 3. Frankfurt/M.: Diesterweg 1977

95 Ich hätte gerne immer etwas zu essen (geändert). Aus: SZ Nr. 118, Freitag, 23. Mai 2008, Seite 30

39 Kann ich Nein sagen lernen (gekürzt)? Aus: Jolinchen – das AOK-Kindermagazin online vom 26.06.08. http://www.jolinchen.de/rd/557.php

152 Leben vom Müll Text und Bilder: Kindermissionswerk, Aachen © 1999. Entnommen der Internetseite www.kindermissionswerk.de, Stichwort Kinderarbeit

149 Nabou erzählt. Aus: Rudolf Schmitt (Hrsg.): Dritte Welt in der Grundschule. Frankfurt/M.: Arbeitskreis Grundschule e. V. 1989

53 O!KAY!, die Englischzeitschrift für Grundschüler; Nr. 10, Oktober 2005. München: Domino Verlag

160 Pippi Langstrumpf auf der Welt. Die Seite entstand in Anlehnung an http:// efraimstochter.de, Stichwort: Pippi weltweit, homepage von Tonia Tünnissen-Hendricks, Marienstraße 70, 41844 Wegberg

13 Sprichwörter und Redensarten wörtlich genommen. Zeichnungen von Alexander Bauer, Kitzingen. Aus: Mücke. Die Kinderzeitschrift für Schule und Freizeit 5/93. Wiesbaden: Universum Verlagsanstalt 1993

34 Streiten lernen. Aus: Floh. Zeitschrift für die Grundschule, Klasse 3/4. Nr. 21, 3. September 2001. München: Domino Verlag

122 Was ist Demokratie? Aus: Mainpost vom 04.12.07

Bildquellen

S. 7 Estate of Vanessa Bell **S. 8/9** Erich Hölle. Aus: Urmel aus dem Eis. Stuttgart: Thienemann Verlag 1995 **S. 9** Cover CD, Urmel aus dem Eis: Lighthouse 2005 **S. 14** Dagmar Geisler: Aus: Wandas geheime Notizen. München: Deutscher Taschenbuch Verlag 2003 **S. 20** Cinetext, Frankfurt am Main **S. 21** Peter Peitsch/peitschphoto.com, Hamburg **S. 28/29** Friedensreich Hundertwasser: „99 Köpfe", © Joram Harel, Wien **S. 30/31, S. 94** Dagmar Geisler: Aus: Wanda – Streng geheim!. München: Deutscher Taschenbuch Verlag 2004 **S. 33** Stefanie Wegner. Aus: Die drei Fragezeichen-Kids. Im Reich der Rätsel (Bd. 13). Stuttgart: Verlag Franckh-Kosmos 2002 (mit Cover). **S. 34** Reinhard Tierfoto, Heiligkreuzsteinach **S. 35** Brigitte Umkehr, Kürnach **S. 43** 1/Manni Mason's Pictures, Cambridge; 2/Corbis/Prashant Nakar/Reuters; 3/NASA/ David Shapinsky **S. 47** Lyzadanger/Fred Meyer, Supermarkt in Portland, Oregon (USA) **S. 48–50** Hermien Stellmacher. Aus: Ich will so bleiben, wie ich bin. Ravensburg: Ravensburger Buchverlag Otto Maier 2001 **S. 51** 1/Helga Lade Fotoagentur; 2/alimdi.net; 3/EB-Stock **S. 52** Schniebel, Jan P.: Die neuste Mode © beim Zeichner **S. 53** 1, 2 Alamy **S. 63** Keith Haring: Drei tanzende Figuren: Foto: Hugh Philpott, London /© The Estate of Keith Hearing S. 64-67 **S. 64** Johann Scheibner/Christoph & Friends/ Das Fotoarchiv, Essen. **S. 65** Stefan Boness/IPON, Berlin. **S. 66** Scheel/Christoph & Friends/Das Fotoarchiv, Essen. **S. 68** © Anette Munk, 1989 **S. 69** Cornelsen Verlags-archiv **S. 70** 1/plainpicture, Hamburg; /2, 4 Superbild; /3 picture-alliance/dpa **S. 72–74** Michaela Sangl. Aus: Die Geschichte des weisen Nathan. Freiburg: Herder Verlag 2004 **S. 75** picture-alliance/dpa/Schulze **S. 77** © Tinguely Museum Basel/ VG Bild-Kunst, Bonn 2008 **S. 78** akg-images Berlin **S. 79** 1/Reuters Photographer; 2/Didi Senft / wikipedia/GNU; 3/Mark Beaumont bei der Erdumrundung: Artemis/World Cycle Chgallenge **S. 85** akg-images/Erich Lessing **S. 95** DIZ Süddeutsche Zeitung/Andreas Heddergott, München **S. 99** Cornelsen Verlagsarchiv (4) **S. 103** 1/ Barbara Ertelt, München; 2/Albverein Alfdorf **S. 105** Jutta Bauer: Kleiner Lehrgang für den Umgang mit Eltern im Urlaub. Aus: Ein und alleS. Weinheim-Basel: Beltz Verlag 1992, Programm Beltz und Gelberg. **S. 106** picture-alliance/dpa **S. 107** picture-alliance/Okapia **S. 108** Wikipedia/cc/Hullbr3ach **S. 115** 1/akg-images; 2/Altonaer Museum, Sammlung Alix Paulsen, Foto: Günter Pump **S. 117** © VG Bild-Kunst, Bonn 2008 **S. 118–120** Isabel Pin: Aus: Der Kern. Zürich: Neugebauer Verlag 2001 **S. 123** Cornelsen Verlagsarchiv **S. 127** akg-images/Heidelberg Universitätsbibliothek **S. 130** Tourist-Information, Hofbieber **S. 131** epd-bild/Thomas Lohnes, Frankfurt a. M. **S. 136, S. 147** Dagmar Sedlmeyer, München **S. 137** Wikipedia/GNU/Diliff (Frauenkirche); Wikipedia/GNU/ Oliver Raupach (Fußabdruck) **S. 139** Albrecht Dürer: „Das große Rasenstück" (Graphische Sammlung Albertina, Wien), akg-images Berlin. **S. 146** 1/ BildArt, Volker Döring, Hohenneuendorf; 2/ Heike Börner, Berlin; 3/ wikimedia/CC/ISAKA YOJI(cory) **S. 148** rechts oben: picture-alliance/dpa-Bildarchiv/Hansmann; links: Stadtwerke Frankenthal; Mitte: Eckhart Breider, Ulm; rechts unten: Kingfisher Science Encyclopedia, London. **S. 135** WILDLIFE Bildagentur, Hamburg **S. 149** Andreas Sprinz/Vereinig-te Evangelische Mission, Wuppertal. **S. 150** 1/ Tsunami: David Rydvik, Stockholm; 2/ US Coast Guard/US Navy (New Orleans) **S. 151** 1/ © Bayerisches Landesamt für Umwelt; 2/ Pfingsthochwasser 1999 in Bayern: picture-allaince/dpa/Armin Weigel; **S. 152** ATCA-International/Margareta Weisser. **S. 155** corel library **S. 158** Katrin Engelking. Aus: Pippi Langstrumpf. Hamburg: Verlag Friedrich Oetinger 2007 **S. 159** Cover Astrid Lindgren: Verlag Friedrich Oetinger, Hamburg (7) **S. 160/161** Cover von Pippi-Büchern aus verschiedenen Ländern: Internationale Jugendbibliothek, München/ Verlage: Detskaja literatura, Moskau; Adriano Salani Editore, Florenz; Oxford University Press, Oxford; Arkadas Kitaplar, Istanbul; Rabén &v Sjögren, Stockholm **S. 162/163** Kerstin Ljunggren, aus: „Besuch bei Astrid Lindgren", © Verlag Friedrich Oetinger, Hamburg **S. 188–192** Deichkrone, Dielenboden, Facettenauge, Kranich, Kugellager, Seeelefant, Spedition, Kolben-Zylinder: Cornelsen-Verlagsarchiv, Kranken-gymnastik: picture-alliance/ASA/Günter Schiffmann, Parlament: picture-alliance/dpa/Angelika Warmuth, Strandpavillon: picture-alliance/HB-Verlag/Marc Oliver Schulz, Turban: Wikipedia/GNU/Frederick Noronha

Übersicht aller Leseregeln aus den Lesebüchern 2 – 4:

Leseregel 1 (Jo-Jo 2):
Ich lese die Überschrift eines Textes, die Zwischenüberschriften, den Anfang oder den Buchtitel.
Ich vermute, worum es geht.
Ich mache mir klar, in welcher Absicht der Text geschrieben wurde.

Leseregel 2 (Jo-Jo 2):
Ich lese den Text.
Ich stelle mir alles genau vor.
In meinem Kopf entstehen Bilder.

Leseregel 3 (Jo-Jo 2):
Ich stelle W-Fragen. Wer oder was?, Wann?, Wo?, Was passiert?, W…?
Ich weiß dann schon viel über den Text.

Leseregel 4 (Jo-Jo 2):
Ich überlege, was ich über den Inhalt des Textes schon weiß.
Ich kann daran anknüpfen und verstehe die Sache besser.

Leseregel 5 (Jo-Jo 3):
Ich überfliege den Text, suche Schlüsselstellen und schreibe Stichwörter heraus.
So finde ich heraus, was besonders wichtig ist und kann über mein Thema berichten, ohne etwas zu vergessen.

Leseregel 6 (Jo-Jo 3):
Ich lege eine Zeichnung an, damit ich eine bessere Übersicht habe.
Damit behalte ich besondere Sachen besser.

Leseregel 7 (Jo-Jo 4):
Ich suche unbekannte Wörter und kläre deren Bedeutung.
Ich schlage im Lexikon nach, suche im Internet oder frage.

Leseregel 8 (Jo-Jo 4):
Ich schaue mir das Bild/die Bilder zum Text genau an.
Oft bieten sie zusätzliche Informationen.